U0890048

澳门回归二十年经验丛书

语言学术话语权的回归与葡语国家交流平台建设

叶 农 韩天歌◎著

SPM
南方出版传媒
广东经济出版社
·广州·

图书在版编目（CIP）数据

语言学术话语权的回归与葡语国家交流平台建设／叶农，韩天歌著. —广州：广东经济出版社，2019.12
（澳门回归二十年经验丛书）
ISBN 978－7－5454－7089－5

Ⅰ.①语… Ⅱ.①叶… Ⅲ.①语言学—学术研究—澳门 ②葡萄牙语—语言交流—澳门 Ⅳ.①H0②H773

中国版本图书馆CIP数据核字（2019）第266739号

出 版 人：李　鹏
责任编辑：冯常虎　刘亚平
责任技编：陆俊帆

语言学术话语权的回归与葡语国家交流平台建设
YUYAN XUESHU HUAYUQUAN DE HUIGUI YU PUYU GUOJIA JIAOLIU PINGTAI JIANSHE

出版发行	广东经济出版社（广州市环市东路水荫路11号11～12楼）
经　　销	全国新华书店
印　　刷	广东鹏腾宇文化创新有限公司 （珠海市高新区科技九路88号七号厂房）
开　　本	787毫米×1092毫米　1/16
印　　张	6.5
字　　数	78千字
版　　次	2019年12月第1版
印　　次	2019年12月第1次
书　　号	ISBN 978－7－5454－7089－5
定　　价	52.00元

广东经济出版社网址：http://www.gebook.com　微博：http://e.weibo.com/gebook
图书营销中心地址：广州市环市东路水荫路11号11楼
电话：（020）87393830　邮政编码：510075
如发现印装质量问题，影响阅读，请与承印厂联系调换
广东经济出版社常年法律顾问：胡志海律师
·版权所有　翻印必究·

澳门经验主题鲜明，内涵丰富

——在《澳门回归二十年经验丛书》研讨会上的发言

（代总序）

2019年，澳门迎来回归祖国20周年。过去的20年，在中央政府和祖国内地的大力支持下，在澳门特别行政区政府和行政长官的带领下，在澳门社会各界人士的齐心协力、团结奋斗下，澳门社会安定，经济社会快速发展，取得了一系列令人瞩目的成果。

在此，我想就“澳门经验”这个命题谈一点个人体会。

首先，我认为“一国两制”方针在澳门的伟大实践，是澳门20年发展所取得的首要的也是最重要的经验。“一国两制”的成功实践，为进一步完善与澳门特别行政区基本法实施相配套的制度和法律体系，不断夯实依法治澳的制度基础，为进一步打造勤政、廉洁、高效、公正的法治政府，使澳门特别行政区发展始终沿着法治轨道推进，为进一步强化澳门公职人员队伍建设和管理，不断增强依法履职能力奠定了坚实基础。总结“一国两制”在澳门20年实践的成功经验，是新时代开启依法治澳新征程的必然要求。

其次，澳门同祖国内地的交流合作关系，是澳门经验的重要内涵。澳门回归的20年，是与祖国内地全面交流的20年，是与祖国内地深度合作的20年，是与祖国内地同呼吸共命运的20年。总结这20年来澳门同祖国内地关系持续稳定、良性互动所取得的成功经验，是澳门与祖国内地进一步深化交流合作，共同肩负实现中华民族伟大复兴中国梦的历史使命的必然要求。

再次，澳门走经济适度多元可持续发展道路，是澳门经验的重要内涵。澳门回归祖国之后，澳门特别行政区政府坚守“一国”之本，善用“两制”之利，抓住国家全面深化改革的重大机遇，紧紧围绕建设“世界旅游休闲中心”和“中国与葡语国家商贸合作服务平台”的目标定位，充分运用中央支持澳门发展的各项政策，顶层设计，周密部署，稳步推动经济适度多元可持续发展的总体战略，使澳门经济社会发展呈现出良好局面。总结20年来澳门经济社会繁荣发展所取得的成功经验，是在区域合作中进一步拓宽澳门发展空间，增强澳门发展动力，提升澳门自身发展素质能力，努力实现与祖国内地共同发展、共同进步的必然要求。

最后，由澳门灿烂文化的历史底蕴和当代传承所凝聚的爱国爱澳社会主流价值观，是澳门经验的重要内涵。20年来，澳门特别行政区政府秉持“从人文关怀出发，以文化铸造城市的灵魂”之理念，有效保护文化遗产，弘扬优秀传统文化，扶持文创产业发展，促进多层面文化交流，走出了一条澳门文化多元发展之路，闯出了一条利用澳门历史文化资源创新文化产业发展之路。而基于澳门文化积淀所凝练的爱国爱澳、包容共济、务实进取的优良传统，成为20年来澳门社会良性发展的力量源泉。总结20年来澳门文化历久弥新、文化事业欣欣向荣所取得的成功经验，是澳门坚持道路自信、理论自信、制度自信、文化自信的必然要求，是澳门同胞加深民族自豪感与爱国爱澳情怀、增强投身“一国两制”事业责任感与使命感的必然要求。

毫无疑问，20年来澳门走过了不平凡的发展历程，其所积累的经验是多方面的，其内涵是丰富的，其意义是深远的，是值得澳门同胞和全国各族人民珍惜和铭记的。在澳门回归祖国20年之际，我们对这些经验作全面、系统、科学的总结，不仅是为了回顾过往岁月，更是为了继往开来，为澳门全面准确贯彻“一国两制”方针，沿着正确的方向行稳致远，为实现“两个一百年”奋斗目标、实现中华民族伟大复兴的中国梦，为澳门拥有更加美好的明天夯实理论基础，提供思想源泉。

在此，我们要感谢广东经济出版社、澳门启元出版社，这两家出版社以高度的责任感和敏锐的洞察力，把《澳门回归二十年经验丛书》列入重点选题。这一选题站位高、立意远，既有很高的理论价值，更有鲜明的实践意义。

李国强

中国社会科学院中国历史研究院副院长，研究员

目　　录

绪　论

1999年12月20日，中国政府恢复对澳门地区行使主权，澳门回归祖国。作为主权的组成部分，澳门语言的话语权也在逐步回归。16世纪中叶，葡萄牙人入居澳门，开始了400余年在澳门活动的历史，澳门也因此成为葡萄牙人在东亚的据点之一。随后，澳门成了外国居民的聚居地，语言成了外国居民与华人以及外国居民之间交流的重要媒介。华人在澳门接触并了解了以葡萄牙语为代表的外国语言，而外国居民也在澳门学习并掌握了汉语。19世纪中叶，葡萄牙人逐步取得了对澳门的控制权，在澳门地区推行殖民统治，葡萄牙语成为其进行殖民统治的重要工具。澳门回归以后，澳门特别行政区政府逐步掌握了澳门语言教育的主动权，为澳门的繁荣、稳定奠定了基础。

自16世纪中叶以来，澳门地区语言活动的演变历史，反映了葡萄牙人在澳门地区的活动史、澳门发展史、中外文化交流史，实际上就是澳门从葡萄牙人入居到被葡萄牙人控制以至回归祖国的历史。

从历史发展过程来看，澳门地区官方语言的演进及语言教学活动的开展，是随着澳门地区管治权的变化而转换的。同时，以语言教学活动为代表的学术话语权的变化，也反映了澳门地区管治权的转换。

在葡萄牙人入居澳门之后，中文一直都是官方语言，葡萄牙语是葡萄牙人内部交流的语言。但葡萄牙人取得对澳门地区的管治权后，葡萄牙语成了澳门唯一的官方语言。而澳门的回归，也包含着澳门语言活动话语权的回归。澳门回归后，中文成为官方语言，而葡萄牙语，根据《中华人民共和国澳门特别行政区基本法》（简称澳门基本法）的规定，也系官方语言。随着“一带一路”倡议的实施与“粤港澳大湾区”的构建，澳门在联通葡语国家中发挥了重要作用，葡萄牙语也在葡语国家交流平台建设方面发挥着重要作用。

目前，学术界对澳门地区语言活动的研究工作，已经取得了相当丰硕的成果。

一、澳门教育机构发展及其语言教学活动

学术界对历史上澳门的教育机构，特别是高等教育机构开展研究时，对其语言教学活动多有涉及。如李向玉的《澳门圣保禄学院研究》[①]、夏泉的《明清之际天主教会澳门创校研究》[②] 指出，耶稣会的传教活动，是一个以教育为中心的工作，传教士到哪里布道，就在哪里兴办学校；夏泉还在《中国第一所教会学校：澳门圣保禄学院研究》[③] 中指出，圣保禄学院以创建于1290年的葡萄牙科英布拉大学为样板，……学院初期共有四个班级：读写班、语法班、人文学班、艺术课程班，开设有人文、哲学、神学、数学、天文学、物理学等课程。

---

① 李向玉：《澳门圣保禄学院研究》，澳门日报出版社，2001。

② 夏泉：《明清之际天主教会澳门创校研究》，《澳门研究》2004年第23期。

③ 夏泉：《中国第一所教会学校：澳门圣保禄学院研究》，《澳门研究》2005年第26期。

叶农曾对澳门的第二所高等教育机构圣若瑟修院开展过研究工作，发表与出版过一批论文与著作，如对江沙维神父的研究，有《江沙维神父的汉学成就》[①]、《19世纪上半叶澳门与汉语文化研究：以葡萄牙籍汉学家江沙维为中心》[②]、《19世纪上半叶活跃在澳门的葡籍汉学家——江沙维神父》[③]、《19世纪澳门葡国精英人物汉学家江沙维神父研究》[④] 等。除叶农外，还有金国平的《"江沙维"神甫自用姓氏考》[⑤]，柳若梅的《江沙维的〈汉字文法〉与比丘林的〈汉文启蒙〉》[⑥]，（日）内田庆市的《19世纪传教士江沙维对汉语的看法——葡萄牙遣使会的语言政策之一》[⑦]，王铭宇、周荐的《明末及清中叶中西文献所见汉语熟语》[⑧]，安文哲的《若亚敬·亚丰素·江沙维士：教授兼汉学家》[⑨]，安文哲的《澳门葡籍教育家》[⑩]，等等。

关于澳门圣若瑟修院的研究成果，主要有叶农的《遣使会管理时期的澳门圣若瑟修院：1784—1856》[⑪]、《试述澳门圣若瑟修院在遣使会管理时期（1784—1856年）的发展》[⑫]、《澳门教育发展史新辉煌——

---

① 叶农：《江沙维神父的汉学成就》，《澳门日报》2003年3月9日"学海版"。

② 叶农：《19世纪上半叶澳门与汉语文化研究：以葡萄牙籍汉学家江沙维为中心》，载《古文献与岭南文化研究：古文献与岭南文化国际学术研讨会论文集》，华文出版社，2010。

③ 叶农：《19世纪上半叶活跃在澳门的葡籍汉学家——江沙维神父》，《国际汉学》2010年第2期。

④ 叶农：《19世纪澳门葡国精英人物汉学家江沙维神父研究》，《文化杂志》第92期（2014年冬季）。

⑤ 金国平：《"江沙维"神甫自用姓氏考》，载《澳门学：探赜与汇知》，广东人民出版社，2018。

⑥ 柳若梅：《江沙维的〈汉字文法〉与比丘林的〈汉文启蒙〉》，《华南师范大学学报》（社会科学版）2009年第6期。

⑦ ［日］内田庆市：《19世纪传教士江沙维对汉语的看法——葡萄牙遣使会的语言政策之一》，大阪《东アジア文化交涉研究》2011年第4号。

⑧ 王铭宇、周荐：《明末及清中叶中西文献所见汉语熟语》，《河北师范大学学报》（哲学社会科学版）2016年第3期。

⑨ 安文哲：《若亚敬·亚丰素·江沙维士：教授兼汉学家》，《澳门公共行政杂志》2000年第2期。

⑩ 安文哲：《澳门葡籍教育家》，三联书店（香港）有限公司，2013。

⑪ 叶农：《遣使会管理时期的澳门圣若瑟修院：1784—1856》，《澳门历史研究》2002年第2期。

⑫ 叶农：《试述澳门圣若瑟修院在遣使会管理时期（1784—1856年）的发展》，《学术研究》2005年专刊。

澳门圣若瑟修院始末初探》[①]。

通过对澳门汉学发展的研究，学术界也曾探讨过外国人在澳门学习汉语的过程。如叶农的《明朝中后期耶稣会士与澳门汉学活动钩沉》[②]、《试论清朝前中期耶稣会士与澳门的汉学活动》[③]、《清代中后期澳门汉学研究钩沉（1762—1911）》[④] 等。

关于澳门开埠后的语言发展历史，学术界亦有探讨。李长森的《对话十字门：澳门的语言碰撞与融汇及其影响》[⑤] 指出，澳门从 16 世纪中期起便是中西文化交流的平台，可以从语言碰撞及交流的角度，解读澳门中西文化的特殊现象，特别是说明语言习得及翻译在中西文化交流中的作用。

此外，澳门理工学院还创办了《澳门语言文化研究》的年刊。从 2009 年开始，每年出版一期。

二、澳门的语言现状及语言策略与规划

盛炎的《澳门语言现状与语言规划》[⑥] 重点讨论了澳门语言规划和规范化问题，对如何处理中文、葡萄牙文和英文三者之间的关系作了较为详尽的论述。谭汝为的《澳门的语言规划研究》[⑦] 一文研究了澳门回归后在澳门召开的六次语言学国际学术研讨会的内容和论题，并总结了这六次国际会议的特点。澳门语言学会是学术性的社会团

---

① 叶农：《澳门教育发展史新辉煌——澳门圣若瑟修院始末初探》，《文化杂志》第 71 期（2009 年夏季）。

② 叶农：《明朝中后期耶稣会士与澳门汉学活动钩沉》，《学术研究》2003 年第 12 期。

③ 叶农：《试论清朝前中期耶稣会士与澳门的汉学活动》，《广东社会科学》2004 年第 3 期。

④ 叶农：《清代中后期澳门汉学研究钩沉（1762—1911）》，《国际汉学》第 11 辑。

⑤ 李长森：《对话十字门：澳门的语言碰撞与融汇及其影响》，《澳门语言文化研究》2009 年。

⑥ 盛炎：《澳门语言现状与语言规划》，《方言》1999 年第 4 期。

⑦ 谭汝为：《澳门的语言规划研究》，《语文建设》1999 年第 1 期。

体，从他们的研究实践中可以窥见澳门语言规划大致包括以下八个方面的内容：①中文官方地位的落实；②推广汉语普通话；③汉语言文字规范化；④汉语繁简字的处理；⑤语文教学与语言培训；⑥语文规范课本的编写；⑦标准字典、辞典的编纂；⑧术语的规范化和标准化。从社会语言学的角度出发，研究澳门的语言现状，提出语言规划。

程祥徽对澳门的语言生活作了较多的研究，先后发表了《澳门语文的前景展望》[①]、《澳门社会的语言生活》[②]、《新世纪的澳门语言策略》[③]、《澳门中文官方地位之顾往瞻前》[④] 四文。其中，《新世纪的澳门语言策略》以 2001 年澳门人口普查的统计资料为依据，详细分析澳门的语言状况，进而提出语言规划。数据显示，在不同的语种比较中，使用英语的人数最多，增长也最快；在汉语方言与普通话的比较中，普通话使用的人数增长远远超出人们的预料，尤其是在双语结构中普通话的组合能力最强，由此可见推广普通话工作和英语培训必须加强。澳门语言问题集中在两个方面：一是落实中文的官方地位，二是在澳门推行中葡双语制。除此之外，还有英语的地位与社会对英语的需求等问题。该文从五个方面提出澳门的语言策略，重点是把澳门定位为以旅游博彩为龙头的文化城市，语言规划要据此展开。

黄翊的《澳门语言状况与语言规划研究》[⑤] 共分六章，全面考察各历史时期澳门的语言状况和语言生活，描写澳门口语和书面语的使用特点，论述中英葡三语和粤普二言势力的消长情况，并对土生葡人

---

① 程祥徽：《澳门语文的前景展望》，《广东教育学院学报》2001 年第 3 期。

② 程祥徽：《澳门社会的语言生活》，《语文研究》2002 年第 1 期。

③ 程祥徽：《新世纪的澳门语言策略》，《语言文字应用》2003 年第 1 期。

④ 程祥徽：《澳门中文官方地位之顾往瞻前》，载《中文回归集》，和平图书海峰出版社，2000。

⑤ 黄翊：《澳门语言状况与语言规划研究》，博士学位论文，北京语言大学，2005。

的中文姓名和澳门街道的中文名称进行专题调查研究，最后讨论了澳门的语言政策和语言规划问题。

三、澳门的普通话推广与教学

《普通话（国语）教学国际研讨会论文集》（1998 年）中就有“普通话推广”专栏，多位专家对当时的公共行政双语普及、普通话推广的发展进程作了详细的介绍，其中包括丁乃石的《澳门的电视教育》、林韵薇的《谈谈教育暨青年局普通话的推广工作》、程祥徽的《澳门之推普策略种种》、施佩玲的《公共行政双语普及化》、刘羡冰的《京话·国语·普通话在澳门——澳门普通话教育的古往今来》、盛炎的《中文的官方地位与公务员的中文培训》。

赵永新曾在澳门理工学院举办的“汉语（普通话）教学与测试研讨会”（2003 年 3 月）上宣读过论文《普通话（汉语）在澳门推广与教学的历史及现状》，对普通话在澳门的推广与教学作了回顾与详细评价。该文指出，澳门的普通话推广与教学曾出现过几次高潮，澳门自回归后在推广普通话、开展普通话教学及测试等方面的工作是有成效的。但是，澳门整体的中文水平还不高……现在应发挥民间和政府双方的积极性，将普通话的推广与普及工作继续下去，在普及的基础上进一步提升，把教学与水平测试结合起来，争取更好的成绩。

童小娥的《从港澳台等地的语言使用情况看普通话的推广》[①]，主要对港澳台地区的普通话使用情况进行了考察，并对今后普通话的发展提出了几点建议。该文认为要有效地进行普通话推广，必须明确

---

① 童小娥：《从港澳台等地的语言使用情况看普通话的推广》，《南华大学学报》（社会科学版）2004 年第 4 期。

拟定语言政策，确立普通话的地位；必须宣传普通话教育的意义，强化语言态度；必须营造普通话语言环境。胡培周的《澳门地区推广普通话的情况》[①]，叙述了从1849年葡萄牙殖民统治澳门到澳门回归祖国后，普通话在社会和学校的推广情况。

陆文颢的《面向澳门旅游业的普通话教材研究》[②] 一文的研究角度是面向澳门旅游业的普通话教材。

四、澳门学校中文教育的调查与研究

小学的中文教育：何筠的《澳门小学普通话教学的调查与研究》[③] 一文以课程评估理论、课程改革理论、教师教学效能理论以及普通话教学理论为依据，建构出“学校行政”“课程现状”“教师教学”“师资培训”等四个方面的普通话教学评估指标，以问卷调查的方式，配合SPSS（Statistical Product and Service Solutions，即“统计产品与服务解决方案”软件）15.0对数据进行统计和分析，对全澳门小学普通话教学作了全面的调查；并采取点面结合的方法，选取四所不同背景的学校作为评估对象，配合深度访谈，了解不同类型的学校教师普通话教学的情况，学校行政部门对普通话课程的态度和行政措施，以及澳门教青局在政策、资金、资源配套上对普通话的支持度。

高校的中文教育：崔明芬的《澳门高校的语言教学与教学语言》[④] 具体论述了澳门高校的语言教学与教学语言的情况。独特的历

① 胡培周：《澳门地区推广普通话的情况》，《方言》1996年第2期。
② 陆文颢：《面向澳门旅游业的普通话教材研究》，硕士学位论文，暨南大学，2006。
③ 何筠：《澳门小学普通话教学的调查与研究》，硕士学位论文，暨南大学，2010。
④ 崔明芬：《澳门高校的语言教学与教学语言》，《中国大学教学》2008年第1期。

史与文化积淀，给澳门社会留下了富有深厚独特底蕴的语言文化遗产——“三文四语”（“三文”是指中文、葡文、英文，“四语”是指粤语、普通话、英语、葡语）。回归祖国后，澳门的高等教育正是通过“三文四语”的多元语言教学和教学语言体系，为澳门、中华大地乃至世界各国培养出许多杰出的语言人才，同时把澳门建造成为中国举足轻重的语言教育重地。毛筱静的《澳门“普通话教学”的调查与研究——以澳门理工学院为例》[①]，通过对澳门理工学院成人教育及特别计划中心与澳门理工学院语言暨翻译高等学校两所教育分支机构的调查分析，提出在澳门整个社会语言逐渐变化的背景下，面向社会和高校的普通话教学也在不断寻找新的发展方向。澳门教育相关机构如高等教育学校积极与内地合作，充分利用各种资源推广普通话。澳门特别行政区政府响应国家政策，积极改进语言政策并制订新的规划，教育者们根据实际情况对教学状况进行分析讨论，为设计优化的教学方案提供事实依据。澳门推广普通话的经验，对其他多文化、多语言的国家及地区发展汉语教学有很好的借鉴意义。

回归教育：阮邦球的《澳门回归教育的现状与展望》[②] 主张成人应该参与回归教育。澳门小学回归教育于 1995 年开始推行，以中葡双语作为教学语言；1999—2000 学年推出以中文为教学语言的小学回归教育。初中回归教育及高中回归教育亦相继推出以中文为教学语言的回归教育。

粤港澳中文教育的交流与发展：王建军的《20 世纪上半叶粤港澳中文教育的交流与发展》[③] 指出，20 世纪上半叶，是港英政府和澳

---

① 毛筱静：《澳门“普通话教学”的调查与研究——以澳门理工学院为例》，硕士学位论文，浙江师范大学，2012。

② 阮邦球：《澳门回归教育的现状与展望》，《澳门研究》2004 年第 23 期。

③ 王建军：《20 世纪上半叶粤港澳中文教育的交流与发展》，《华南师范大学学报》（社会科学版）2002 年第 1 期。

葡政府分别在香港、澳门加强殖民统治，推行殖民主义教育政策的重要时期。而这一时期又是港澳中文教育勃兴和粤港澳中文教育交流加强的时期。粤港澳中文教育的交流，为港澳中文教育完成由传统教育向现代教育的过渡创造了条件。

五、澳门的多语言教学政策与多语资源的优势

张桂菊的《澳门语言教育政策的嬗变与思考》[①]，从澳门回归前后的教育政策出发指出：澳门回归前的100多年时间里，澳葡政府一直采取葡语独尊的语言政策；回归后，澳门特别行政区政府着力解决葡语独尊的问题，制定了符合澳门社会多元文化的语言教育政策。该语言教育政策力推语言多元发展；重视普通话与葡语的经济与文化平台作用；增加普通话课程比例，改变非高等教育推广普通话滞后的状况。张桂菊还在《港澳“多言多语”教育政策对比研究》[②] 一文中指出，澳门回归前教学语言政策含有不自由的成分，当时凡官立学校都硬性规定进行葡语教育，中文反而未必是必修课；回归后学习何种语言不再遵从政府意志，各校可以自由选择教学语言和语言教学。澳门科技大学率先规定中文为全校学生必修课程，澳门理工学院因社会需要大力发展英语教学、中英翻译和中葡翻译教学。

杨秀玲撰、晏雪莲译的《澳门的多语资源及其优势》[③]，认为澳门拥有一个多元复杂的多语机制。葡语将继续帮助我们维持和加强与葡萄牙、欧洲共同体及其他葡语国家的联系，英语对澳门的国际地位至关重要。

---

① 张桂菊：《澳门语言教育政策的嬗变与思考》，《澳门理工学报》2010年第3期。

② 张桂菊：《港澳“多言多语”教育政策对比研究》，《教育评论》2011年第6期。

③ 杨秀玲撰，晏雪莲译：《澳门的多语资源及其优势》，《澳门研究》2012年第67期。

六、澳门公务员的普通话能力及使用情况

孔繁清、何永安等的《澳门公务员的普通话语言能力及使用情形》[①] 调查表明，虽然多数澳门公务员都能熟练使用普通话，但仍存在不同程度的发音不标准、口音较重和流利程度较低的现象，在工作中还可能会面临无法清晰、明确表达意思的问题。同时，目前澳门公务员普通话培训不能很好地满足立法与施政的要求。建议澳门特别行政区政府加大推广普通话的行政力度，通过立法和行政系统，实行可操作性、阶段性目标管理，将普通话水平测试纳入公务员考录的流程中；澳门特别行政区政府还应推动普通话培训课程的开设进程，鼓励公务员参加培训，增加公务员使用普通话的机会，提升公务员学习普通话的积极性。吴平、何永安的《澳门公务员普通话使用情况调查分析》[②] 指出，鉴于澳门公务员在澳门社会发展中所发挥的导向性作用，出于政治、经济、文化的综合考量，全面细致地分析澳门公务员的语言要求和普通话使用情况具有极大的现实意义。该调查较为全面地考察了澳门公务员的普通话能力及其对于学习普通话的态度和认识，指出了当前澳门普通话推广中的主要问题，并给出了改善和推广普通话的建议：澳门特别行政区政府应积极推行课程改革，加强普通话基础教育；澳门特别行政区政府应调整语言政策，加强政策干预，采取切实有效、可操作性强的具体行政措施。

---

① 孔繁清、何永安等：《澳门公务员的普通话语言能力及使用情形》，《江苏师范大学学报》（哲学社会科学版）2017 年第 6 期。

② 吴平、何永安：《澳门公务员普通话使用情况调查分析》，《河北大学学报》（哲学社会科学版）2017 年第 2 期。

七、澳门学生对学校授课语言和语言政策的态度

阎喜的《澳门本地大学生对澳门语言政策和语言规划的态度研究》① 表明，学生对于普通话和广东话作为澳门中文学校授课语言都持积极的态度，不过他们更倾向于支持广东话作为授课语言。学生们倾向于不同意澳门特别行政区政府应该鼓励澳门人使用简体字和在澳门应该通过教育使简体字取代繁体字，表明繁体字在澳门学生心目中的重要性。对于“在澳门，应该通过教育和媒体阻止粤语汉字的使用”这一问题，学生们倾向于不同意（但接近中立）；而对于“在澳门，汉语拼音应该取代粤语拼音”这一问题，学生们也倾向于不同意，表明粤语拼音在学生心目中也占有重要的位置。此外，对于澳门特别行政区政府公文中的中文规范问题，学生们倾向于同意。

覃业位、徐杰的《澳门的语言运用与澳门青年对不同语言的认同差异》② 显示，语言使用者对不同语言的认同程度和功能定位差异直接影响其语言态度和语言行为。另外，语言认同还跟地域认同和文化认同密切相关。绝大多数澳门青年对粤语的认同度最高，而对普通话、英语、葡语的认同度相对较低，且功能明显分化。多数澳门青年认为普通话是国家通用语，英语是第一外语，葡语是官方语言和第二外语。澳门大学生和中学生对不同语言的不同心理距离，决定了其对不同语言的不同语言态度和不同语言行为，而其在地域认同和文化认同上的表现反过来又强化了他们的语言认同差异。

---

① 阎喜：《澳门本地大学生对澳门语言政策和语言规划的态度研究》，《“一国两制”研究》2015 年第 4 期。

② 覃业位、徐杰：《澳门的语言运用与澳门青年对不同语言的认同差异》，《语言战略研究》2016 年第 1 期。

综上所述，自从葡萄牙人入居之后，语言问题就成了澳门生活中的一个重要问题。学习、掌握、使用异质语言，并将其作为交流的工具，是澳门历史进程中多元文化共存的一个重要现象。

本书试图通过梳理澳门多元化语言的发展过程，反映澳门从葡萄牙人入居、被殖民统治至回归祖国的历史发展过程。在这个过程中，不同的语言在此碰撞与融汇。而语言教学活动是碰撞与融汇的基础。语言教学活动，经历了最初是中外接触，后来逐渐由外籍人士开办的学校所掌控，再到回归时澳门语言教学权作为主权的重要组成部分逐步回归，从而由澳门特别行政区政府主导语言教学活动的过程。为了更好地说明澳门语言教学活动，本书选取澳门语言教学活动中的标志性人物江沙维作为代表。此外，澳门回归祖国之后，葡语教学将为把澳门建设成为葡语国家交流平台做出新贡献！

为此，本书将探讨下列问题：第一，澳门地区的语言接触、碰撞与融汇；第二，葡萄牙籍遣使会士江沙维（Joaquim Afonso Gonçalves）与澳门语言教学活动；第三，后江沙维时代——澳葡政府时期的语言教学工作；第四，语言教学与葡语国家交流平台建设。

第一章　澳门地区的语言接触、碰撞与融汇

澳门位于珠江口西岸，与东岸的香港遥遥相对。自从明嘉靖三十三年（1554年）葡萄牙商人获准入居澳门以来，至今超过400年。在此期间，除入居的葡萄牙人之外，英国、荷兰、日本、美国、意大利、德国、俄国、东南亚各国等地的商旅以及欧洲各国的传教士，先后涉足这块包括离岛在内10余平方千米的地方，使这里成为世界上少有的一个各种语言汇集的“语言拼盘”。不同语言群体之间的沟通，历来是澳门的一大社会问题。澳门成为中外人士进行语言接触与碰撞的平台。中外人士在长期交往共存中，相互学习对方的语言。

从葡萄牙人入居澳门至18世纪末19世纪初，葡萄牙人江沙维在圣若瑟修院从事语言教学工作之前，是澳门地区语言活动的第一个时期——语言接触、碰撞、融汇时期。

学术界对此已经取得了一批研究成果，单从程祥徽主编的《澳门人文社会科学研究文选：语言翻译卷》[①] 来看，该文选就收录了下列论文：刘羡冰的《澳门开埠前后的语言状况与中外沟通》、胡慧明的

---

① 程祥徽：《澳门人文社会科学研究文选：语言翻译卷》，澳门基金会，2008。

《〈澳门记略〉反映的澳门土生葡语语音面貌》、朱斌的《论贡沙维斯著作中清代官话的语音现象》、黄翊的《清代中文档案中的澳门汉语词汇现象》、汪春的《从 Avo-gong 说起——对澳门语话剧中澳门语的透视》、赵永新的《澳门早期对外国人的汉语教学及其特点》等研究论文，而这些论文的著者，亦都是这个领域的专家学者。

第一节　早期的语言接触与碰撞

葡萄牙人在入居澳门之前，已在珠江口及东南沿海活动了 40 多年，他们带着对中国极大的好奇，努力寻找一个能与中国沟通的切入点，几经周折，最终选中了既方便西来船只停泊又靠近南粤政治中心的澳门作为居住地，使澳门成为明末清初中国对外开放、允许外国人居留的地方。他们还试图同中国进行“对话”，进而在中国获取更大利益。

澳门的开埠及繁荣逐渐受到国人的关注，虽然当时资讯很不发达，广大民众未必能了解澳门的情况，但从零星的史料记载中，仍能看出民众对澳门充满好奇，希望能到澳门亲眼看见内地难以看到的异国风情。吴历、叶权、王临亨、汤显祖等传统的中国知识分子均带着强烈的好奇心，试图同寓居澳门的“赤发碧眼”洋人进行“对话”，希望对异族文化有更多的了解。然而，最初的“对话”并非一帆风顺，这主要反映在两个层面：一是文化层面，二是政治层面。①

① 李长森：《对话十字门：澳门的语言碰撞与融汇及其影响》，载李向玉主编《澳门语言文化研究（2009）》，澳门理工学院，2009。本节主要引用此文，未有注明之处，即系引用，特此说明。

在文化层面，中葡双方都努力寻求对话，找到双方可以接受的契合点。

无论是西方的教士还是东方的儒生，都在著作中留下了对对方的描绘和认识。利玛窦的《中国札记》和汤显祖的戏剧与诗作，均反映出对对方的探索和欣赏，但他们了解的都是对方文化的表象，并未深入社会的深层，因而在实际交流中会频频出现困难和障碍。

汤显祖是江西临川县人，二十一岁中举，三十四岁中进士，可谓才华横溢。在留都南京做官时，由于“意气慷慨”“蹭蹬穷老”，上书《论辅臣科臣疏》，批评朝政，令万历皇帝震怒，当即以“假借国事攻击元辅”罪名，贬其到广东雷州半岛南端的徐闻县做典吏。

汤显祖在明万历十九年（1591 年）从临川南行前往贬谪场所赴任，经广州乘船出珠江口顺访澳门。当时正值西方圣诞节前后，小城“碧眼愁胡”的外国商人和“花面蛮姬”的西方少女，与中国迥异的节日气氛，以及琳琅满目的异国商品使汤显祖大开眼界，给他留下了深刻印象。

汤显祖在《听香山译者》一诗中这样写道：“占城十日过交栏，十二帆飞看溜还。握粟定留三佛国，采香长傍九州山。花面蛮姬十五强，蔷薇露水拂朝妆。尽头西海新生月，口出东林倒挂香。”[①] 诗句优美，令人回味，但毫无疑问，这仅是文化表象。

由于汤显祖是听“香山译者”介绍的，并未同葡萄牙人直接接触，因而研究并不深入，对真正葡萄牙人的描写并不准确。他的另一首诗《香岙逢贾胡》更是充满文学想象：“不住田园不树桑，珴珂衣

① （明）汤显祖撰，徐朔方笺校：《汤显祖集·诗文集（卷十一）》，中华书局上海编辑所，1962，第 427 页。

锦下云樯。明珠海上传星气，白玉河边看月光。”[①]

该诗将新疆和田的白玉河同澳门的海上贸易活动相比，但与澳门当时的商埠作用不相适应。当然，对于文学作品不能苛求，更何况汤显祖停留澳门仅几天时间，不可能对澳门有更深入的研究。

从政治层面来看，葡萄牙第一位使者皮莱资（Tomé Pires）出使北京的失败，就是语言碰撞冲突的最好例证。皮莱资原是里斯本的药剂师，对药品和香料颇有研究，葡萄牙占领马六甲伊始，他便于1512年启程来到东方。

1517年，皮莱资受葡萄牙王室委托随船来到广州近海，向中国明朝政府表达建立关系的愿望。1518年，他被允许在广州登陆，然后抵达南京，获正在南巡的明武宗正德皇帝接见，后按明武宗正德皇帝的指示来到北京。明正德十六年（1521年），明武宗正德皇帝驾崩，明世宗嘉靖皇帝即位，中葡爆发屯门海战，皮莱资被明世宗嘉靖皇帝下令押解到广州听候处置。明嘉靖三年（1524年）五月皮莱资死于广州监狱。

皮莱资出使北京的失败，除复杂的政治原因外，在很大程度上是由“对话”不通造成的。跟随皮莱资出使的“通事”多为马六甲的华人，他们没有受过正规的语言翻译训练，语言习得在很大程度上依赖于同葡萄牙人的日常交流。他们用于沟通的葡语不太规范，与伊比利亚半岛葡萄牙民族的语言相去甚远，不仅在语义表达方面会出现失误，而且会由于经济利益或政治压力以及个人态度而使翻译节外生枝。因此，在同中国政府打交道时，让这些人承担翻译工作冒有很大风险。皮莱资出使明廷的失败，与“火者亚三”等人自作主张的骄横

① （明）汤显祖撰，徐朔方笺校：《汤显祖集·诗文集（卷十一）》，中华书局上海编辑所，1962，第428页。

态度不无关系。他们诈称马六甲使臣，只知讨好皇帝，引起梁焯等中国官宦不满，最终招来杀身之祸。皮莱资出使中国不仅没有增进两国之间的了解，反而产生了许多误会。

澳门开埠初期，中葡双方相互尚不了解，充当双方沟通者的人多为来自马来半岛的华人，其身份类似于上文提到的“火者亚三”，葡人将这类人称为“jurubaças”或者“línguas”。澳门开埠之初，来澳门定居者主要是在东南亚活动多年的葡萄牙人及葡萄牙亚裔后代，在东南亚等地区与葡萄牙人关系密切的华人自然成为葡方与中国官方之间沟通者的首选。

这些人，被称为“舌人”“通事”，中葡双方主要依靠他们充当翻译，他们是交流的媒介。刘羡冰指出：“葡萄牙人最早与华人通商来往，在1553年之前，大多是通过第三者的中介而进行的，这些第三者称为‘舌人’‘通事’，又称为‘通译’。1517年，作为赴华的第一个葡国大使托梅·佩莱斯（Tomé Pires）就带了五个译员。商业活动也靠‘舌人’。《十六世纪中国南部行纪》编者博克舍（C. R. Boxer）说：‘葡萄牙和中国最早的交往是由一些冒险商人实现的，他们从马六甲乘坐当地的船只驶抵中国南方的海洋，而且他们发现把香料运往中国，和运往葡萄牙一样可获大利。’”①

这些“舌人”“通事”，开始是既通中文又通葡文的马六甲人，后来是懂葡萄牙文的华人。刘羡冰指出：“首先为葡商服务的‘舌人’，是能与华人沟通而又懂葡语的满剌加人，后来加入了懂葡语的华人。满剌加，即马六甲，是较早与中国通商的地方，……1511年，葡萄牙占领了马六甲，建立了东方第一个商站。15—16世纪不少华人已

① 刘羡冰：《澳门开埠前后的语言状况与中外沟通》，载程祥徽主编《澳门人文社会科学研究文选：语言翻译卷》，澳门基金会，2008，第1页。

在马六甲定居。明末清初，那里已有华人公墓，明代黄衷的《海语》说，那里‘有奶街，为华人流寓者之居’。1511年攻占马六甲的葡将达·阿尔布尔克（D. Albuquerque）写的《纪事》中，已有马六甲第二国王沙肯达尔萨（Xaquendarsa）娶当地‘中国船长大王’女儿的记载。1549年（明嘉靖二十八年）华人通事杨林曾编辑了一本《满剌加国译语》，即马来语和汉语的词典，收482个词，内容广泛，满足当地人和华人的沟通需要。满剌加人在葡人和中国人的最早交往中，起到了中介作用。葡人与华人的早期接触，大多是商业活动。依靠‘舌人’只是一个过渡阶段，不久即可直接对话，讨价还价，贸易成交。但是，作为外交活动，如前所述的葡使赴京，就必须备有通双语的‘舌人’‘通事’，双语的人才是非常需要的。《明史·佛郎机传》记载托梅·佩莱斯使团东来一事比较完整。使团在未获准北上之际，获知明武宗南巡到南京，于是打通了宦官江彬的关节，托梅·佩莱斯即和‘通事’‘火者亚三’谒见皇帝。‘火者亚三’通葡汉双语，能说会道，颇获皇帝的欢心。学者考证，‘火者亚三’是穆斯林，当年这位‘通事’是自报的国籍。后来查明，‘火者亚三’实为华人。他可能是久居海外的华人后裔，生活在海上商旅之中，能通双语或多语，被聘为葡使团翻译，或者是伪装的阿拉伯人，或者是相当阿拉伯化的海外华裔。”①

---

① 刘羡冰：《澳门开埠前后的语言状况与中外沟通》，载程祥徽主编《澳门人文社会科学研究文选：语言翻译卷》，澳门基金会，2008，第1-2页。

第二节 澳门多语言社会的形成

随着时间的流逝，特别是葡萄牙人在澳门定居之后，双方在长期交往共存中，相互学习对方语言，“对话”变得持久而深入。从语言角度看，主要体现在两个方面：一是翻译开始发挥重要作用；二是相互学习对方的语言。同时，这两个方面在很大程度上是结合在一起的。语言学习促进了翻译的发展，而翻译活动又带动了双方语言的推广与普及。

华人和葡萄牙人两族联姻亦促进了语言的融汇。清代赵翼的《檐曝杂记》中记载：“香山县之澳门，久为番夷所僦居，我朝设一同知镇之。诸番家于澳，而以船贩海为业。女工最精，然不肯出嫁人，惟许作赘婿。香山人类能番语，有贪其利者，往往入赘焉。”

释跡删在《寓普济禅院寄东林诸子》一诗中说：“但得安居便死心，写将人物报东林。番童久住谙华语，婴母初来学鴂音。两岸山光涵海镜，六时钟韵杂风琴。祇愁关禁年年密，未得闲身纵步吟。”[①]“婴母”即鹦鹉。

当时在澳门圣保禄学院学习天主教教义的内地教徒吴历，曾描绘华人与葡萄牙人两族居民相互学习语言的生动情景。他在《三巴集》中有如下生动的描述：性学难逢海外师，远来从者尽儿童。何当日课分卯酉，静听摇铃读二时。门（灯）前乡语各西东，未解还教笔可

---

① 章文钦笺注：《澳门诗词笺注·明清卷·释跡删》，珠海出版社，澳门特别行政区政府文化局，2002，第89页。

通。我写蝇头君鸟（写）爪，横看直视更难穷。

随着澳门形势的变化，澳门语言交汇及翻译模式的形成与发展经历了几个不同的阶段。随着葡萄牙人逐渐在澳门定居，大量天主教传教士来到澳门，希望将澳门建成东亚传播福音的基地。于是，各修会纷纷在澳门建立教堂，使弹丸之地的澳门半岛在16世纪末拥有数所教堂。

1594年成立的圣保禄学院以及后来成立的圣若瑟修院更成为东亚最大的传教士培训场所，在早期的西学东渐中发挥了重要作用。这一系列举措，使传教士成为当时中西文化交流的急先锋，因而也成为中西“对话”的主要媒介。传教士不仅著书立说，而且从事语言传播及翻译活动。

从史书相关记载可以看出，传教士所开展的是高层次的交流，不仅联络中国的儒生雅士，而且努力接近皇帝，打通与宫廷的关系。他们亦通过语言文字向西方传播了中国传统文化，成为第一批了解中国国情、进行中学西传的汉学研究专家，留下许多著作。尤其是他们译成西方不同语言的著作十分珍贵，这些著作不仅使西方人更加了解中国，而且推动了欧洲汉学研究的发展。例如：加斯帕尔·达·克鲁斯（Gaspar da Cruz）的《中国情事详解备考》（1569年）、孟三德（Duarte de Sande）的《中华帝国志》（1590年）、曾德昭（Álvaro Semedo）的《大中国志》（1637年）、安东尼奥·戈维亚（António de Gouvea）的《亚洲末端》（1664年）、安文思（Gabriel de Magalhães）的《中国新志》（1688年）等。

与此同时，民间交流亦十分活跃。虽然这种交流往往是自发的、无意识的，是以潜移默化形式进行的，在日常生活中不被人们所重视，但久而久之，这种交流就会对人们产生深远影响。澳门在相当长的历史时期内充当中西文化交流的平台，因此，居澳葡萄牙人特别是土生族群在中西文化的碰撞中不仅成为中华文化的接受者，也成为西方文化的传播者，是华人与葡萄牙人两族民间“对话”及交流的重要媒介。

第三节　以汉语为官方语言时期

16世纪中叶以后，澳门的语言以汉语中的粤语为主，闽南语次之，还有作为外语的葡萄牙语、马来语等。[①] 至第一次鸦片战争之前，汉语是澳门唯一的官方语言。明、清两代香山县县域管治范围内下达的文告全用汉语，官员巡视也是用汉语的。其中不少官员来自其他省份，说的自然是官方语言，葡萄牙方面必备翻译才能与中方官员沟通，这种格局，一直维持到鸦片战争爆发之后。

双语人才直到18世纪还十分缺乏，但中国官方也曾以双语公布条例、守则。例如1748年，葡萄牙人晏些卢杀死华人陈辉千事件后，清廷官员在议事亭就以中葡双语勒石颁布，只可惜葡文本有不尽、不确之处。[②]

---

① 刘羡冰指出：“中国是多民族、多方言的国家。欧洲人最早接触的华人华语多来自广东、福建两省，有几种不同的方言和口语。……在澳门，操粤语的大多是本地人，讲官话的大多是北方商人和朝廷派来的官员。……可见欧洲人，特别是16世纪从事东亚贸易的葡萄牙人和西班牙人最早直接接触到的华人，不少是操闽南口音的华人，他们心目中的汉语，大多指闽南语。……福建的渔民、商人很早就在澳门进行渔业和商业的活动，超过500年历史的妈阁庙就是历史的见证。漳州、泉州人还曾在妈阁庙内开办‘漳泉义学’，这是澳门渔民子弟教育的一部分。澳门葡语的译名 Macau 以及英语 Macao 的得名由来有多种说法，不少学者赞同是‘妈祖阁’的闽南音译，也是有一定根据的。……1584年，利玛窦从中国致信西班牙税务司司长罗曼，他描写当年中国沿海的对外往来时说：‘印度、日本、苏门答腊、爪哇、交趾支那、暹罗、摩鹿加……无不来中国贸易。’可见当时的外贸，已是多边的关系。多边的贸易，自然接触多种语言，先接触亚洲各地的语言，逐渐接触西班牙语、葡萄牙语，不久，又接触荷兰语、英语等。因此，华人接触到的欧洲语言也是多样的，但以葡语为主。”见刘羡冰著《澳门开埠前后的语言状况与中外沟通》。

② 盛炎：《澳门语言的历史、现状、发展趋势与未来的语言政策》，澳门理工学院，2004，第13页。

一、澳葡自治机构的翻译工作

在这个时期，因汉语系官方语言，葡萄牙人意识到为了更好地进行沟通，必须做好翻译工作。因此，葡萄牙方面开始加强中葡双语之间的翻译工作，并在澳葡自治机构内设立专门的翻译部门①。

长期以来，人们对居澳葡萄牙人早期的翻译架构及运作情况不甚了解。明清史籍中有少量相关的记载，但并未深入架构内部。

关于澳门翻译史的资料很难寻觅，但仍可在葡文史料中见到澳葡政府于1627年制定的《澳城通官、通事及文案章程》（*Regimento da Língua da Cidade e dos Jurubaças e Escrevaens*）这一重要文献，从中可以看出澳门17—18世纪官方的语言政策及翻译架构的演变情况。《澳城通官、通事及文案章程》档案的发现使得人们对澳门语言文化交流及翻译史的发展情况有了新的认识。

《澳城通官、通事及文案章程》出现在葡萄牙人定居澳门70年后。葡萄牙人在同中国交往的漫长过程中逐渐意识到，想在澳门半岛永久居留下去，就不能不考虑被拥有五千年文化积淀的华人所包围的环境。在非洲等殖民地采取的有效管治办法不可能在中国灵验。尽管葡萄牙人管理的只是澳门半岛中南部的葡萄牙人社区，但又不可能不与华人沟通。随着管理体制的逐渐完善及与广东官方来往的日渐频繁，居澳葡萄牙人意识到翻译工作的重要性，考虑必须建立翻译

① 澳葡自治机构，系葡萄牙人在澳门地区推行殖民统治之前成立的葡萄牙人内部自治机构，其代表为澳门议事亭（又称议事会、议事公局、市政厅等）。澳葡政府早期政治架构演变发展有三个阶段：第一个阶段是从澳门开埠后不久到1835年议事会被解散，葡萄牙人在澳门建立并实施双重效忠的自治机构为主体的政治架构；第二个阶段是从议事会被解散至彼亚度出任总督之前，葡萄牙人内部建立早期殖民政府政治架构；第三个阶段是亚马留出任总督之后，公开完成组建澳葡政府。见叶农著《澳葡政府早期政治架构的形成与演变》，《暨南学报》2004年第4期。

机制。

17世纪初，澳门已经具备了设立政府正式翻译机制的条件。主要表现在：①居澳葡萄牙人于1583年设议事亭，有了葡萄牙人管理澳门（葡萄牙人社区）的正式行政架构；②1587年正式设立理事官公署，有了同中国官方，特别是同广东及香山县政府打交道的正式机构；③粤澳交往增多，关系日渐亲密。

在这种情况下，澳葡政府颁布《澳城通官、通事及文案章程》，以规范翻译职业活动。当时，澳门议事会有一名首席翻译（língua principal）、两名普通翻译（jurubaças menores）和两名文案（escrevaens），通常都是华人，且必须是皈依天主教的华人。

《澳城通官、通事及文案章程》规定该小组的主要任务是负责官方的笔译及口译工作，负责与广东官方交涉一切事务，收集、整理有关澳门的重要资讯等。澳葡自治机构建立正式翻译团队的意义在于，规范澳门官方翻译机制，确定翻译职能、责任、报酬及奖惩办法。其设立的文案制度沿用至今，为后来澳门官方翻译的发展奠定了基础。

二、中外语言的相互影响

澳门土生文化名人黎祖治先生曾这样描绘中西文化的交融过程："澳门华人极其欣赏的一道菜肴葡国鸡，在当年葡萄牙人离开里斯本时是一种味道，而几代船员经过数十年后把这道菜带到澳门的时候，已成了另一种味道。"在典型的咸淡水浸泡环境中，澳门的语言状况亦具有这种特点。

在语言从碰撞到"对话"的过程中，不同语言的中介者走过"Jurubaça→传教士→华人→土生葡萄牙人"的漫长过程。在这一过程中，不同语言相互影响，逐渐形成了澳门土生葡萄牙人使用的巴图阿语和葡式粤语；与此同时，在认同及接纳葡国文化的部分华人中出现了粤式葡语；在语言层面，汉葡语言都出现了词汇互相借用的现象。

清代印光任、张汝霖合撰的《澳门纪略》还论及华洋杂处的相互影响："西洋语虽侏离，然居中国久，华人与之习，多有能言其言者，故可以华语释之。"该书下卷还介绍了一位葡萄牙人吕武劳，说他"尤黠慧，往来澳门十三行，先后二十年，土语、华语及汉文字皆谙晓"。有了语言环境，加上文字天赋，20 年就可以成为精通双语的人才了。

刘羡冰指出："华人、葡人在日常生活中渐渐能直接沟通。明末官方规定华人、葡人隔居，实为杂处，商人有贸易来往，当地居民向葡人供应食物和日用物。除了不良分子的诈骗和海盗抢掠外，在一般情况下，这些商业活动都是互利的。在相互沟通中，不少汉语词渗入了葡语，例如'茶''丝'等名词；也有不少葡语词为华人所使用，例如葡语 não tem，是没钱的意思；澳门华人早就流行一句'荷包丁'——荷包里没钱了，显然是把葡语词引进了口语。还有一些是辗转传入的外来词语，也反映出不同语言群体之间的交往，例如'咖啡''喳喳'。汉语词'苦力'源于印度南部泰米尔语，是指以卖体力为生的人。19 世纪后期，世界性的废除奴隶运动造成劳动力缺乏，因而人口贩子纷纷从中国（特别是厦门和澳门）、印度运送契约劳工到夏威夷、锡兰、马来西亚和加勒比海地区，从事采矿和搬运工作。欧洲人对这些陌生的亚洲人，特别是搬运工人，按泰米尔语音译为'cule'（葡语），'coolie/cooly'（英语），是一种轻蔑的称呼。'coolie/cooly'通过澳门葡人又传给华人。1751 年完稿的《澳门纪略》，书后的葡语单词分类音译表中，有一条'挑夫——姑利'。今天，我们从任何一部汉语词典都不难找出'苦力'这个词。不知哪位高手译得如此音、义双绝！”[①]

当然，中葡之间的相互影响也不仅限于上述论及的，其他情况，可以参见表 1-1、表 1-2。

表 1-1　受葡语影响的汉语词汇举例

例词	粤语发音	普通话发音	葡语词义	汉语词义
马介休	ma-kai-yau	ma-jie-xiu	bacalhau	鳕鱼
冷衫	lang-sam	leng-shan	malhas de lā	羊毛衫
批荡	pai-tong	pi-dang	betāo	水泥砂浆
拉梳	lai-so	la-shu	laço	彩带
笃多	tok-to	du-duo	tudo	全部
素巴	sou-pa	su-ba	sopa	菜汤

表 1-2　受汉语影响的葡语词汇举例

例词	粤语发音	普通话发音	葡语词义	相应汉字
coquechal	kok-chai	ge-zai	Sobreloja	阁仔
panchāo	pao-cheong	pao-zhang	Petardo	炮仗
lane	lan	lan	feitoria	栏
tael	teng	ding	medida de peso	锭（两）
tanca	tan-ka	dan-jia	familia tancareira	疍家
cule	fu-lek	ku-li	trabalhador fisico	苦力

① 刘羡冰：《澳门开埠前后的语言状况与中外沟通》，载程祥徽主编《澳门人文社会科学研究文选：语言翻译卷》，澳门基金会，2008，第 5-6 页。

促进这种相互影响的重要因素，是宗教以及通婚。尤其是来到澳门的葡萄牙人与当地华人的通婚，为中葡两种语言、两种文化的交流、融合创造了有利条件，加速了中葡沟通的实现。比如，葡国商人、水手和士兵到了澳门，不少与当地的中国女性结合。受社会和家庭语言环境的影响，女方很快能学会日常葡语，男方也学会了一些粤语。《澳门纪略》对华人入教、华葡通婚等社会现象都有记载。张汝霖《请封唐人庙奏记》也有记载："澳门一处，唐夷杂处……其在澳进教者，久居澳地，集染已深，语言习尚渐化为夷。"有学者曾在土生葡萄牙人中进行调查，了解到差不多有华人血统的葡萄牙人家庭都有过农历年的习惯，汉化程度相当高。

综上所述，在 19 世纪 40 年代之前，澳门的语言环境经历了中外初相遇—汉语成为澳门官方语言—中外语言之间相互影响的历史发展过程。许多来华外国人将澳门作为学习汉语的基地，也将澳门作为进行语言教学的最好课堂。因此，在澳门的外国人成了澳门语言教学工作的主力。为了更好地说明此问题，下一章将专门以江沙维在澳门的语言教学活动为例来进行阐述。

除教学活动外，中外语言的比较研究活动也相继展开。到了 17—18 世纪，出现了对中葡双语进行对比研究的学术活动。传教士罗明坚、利玛窦、郭居静等不但掌握了汉语，还能用中文写作。比如，利玛窦把《四书》译成了拉丁文，把《几何原本》译成中文，还用中文写下《交友论》等书。利玛窦等对汉语作过比较分析，有不少独到的见解。非宗教人士也开始了对汉语的零散研究，如博克舍的《厦门的方言及其同系语》。《澳门纪略》的"澳译"殿后篇，把常用的 305 个葡语单词按天地、人物、衣食、器数和通用分为五类，采用汉字注音的方式注音解义，是一份常用词汇表。例如，天（消吾）、夜（亚内的）、冷（非了）、街（炉也）、议事亭（事打的）、兵头（个患多虑）等。美中不足的是，没有列出葡文原字。即使如此，它仍是华葡字典的雏形。这些早期的比较研究，错讹难免，但仍是珍贵的史料，值得进一步研究。

第二章　葡萄牙籍汉学家江沙维在语言教学工作中的贡献与影响

葡萄牙籍汉学家、遣使会传教士江沙维（亦称“公神甫”）神父，是一位于19世纪上半叶在澳门从事语言教学活动的著名汉学家。“他是当时葡萄牙传教士中最出类拔萃的人物，汉学造诣最深”[①]，取得了丰硕的汉学研究成果，大大地提高了葡萄牙人在汉学研究领域中的地位，为葡萄牙人在汉学研究领域争得了一席之地。

江沙维进行汉学研究的重要目的，在于促进其语言教学工作，其丰硕的汉学研究成果，为其语言教学工作提供极大便利，并为澳门培养了一大批优秀的语言人才。这些人才，当时就活跃在内地、香港、澳门的外交界，江沙维也成为澳门语言教育界一个丰碑性人物。

虽然学术界对江沙维的研究成果不多，但江沙维为澳门语言教育工作所做的贡献是不可磨灭的。澳门回归即将20周年了，在澳门语言教学工作中，他的影响仍然存在，对澳门语言教学话语权的回归，

① ［葡］施白蒂著，姚京明译：《澳门编年史：十九世纪》，澳门基金会，1998，第16页。

仍然有借鉴作用。

江沙维头像（本书著者摄于圣若瑟修院陈列室）

第一节　江沙维的生平及语言教学工作

1781年3月23日，江沙维出生于葡萄牙特拉-乌斯-蒙德斯（Trá-os-Montes）省（亦译“后山省”）的一个名叫多若（Tojal，Vila REal）的小镇。

江沙维献身宗教是受其家庭影响。其学生加略利（J. M. Callery）所撰江沙维生平简介称，江沙维的父母贫穷，靠在土地里辛勤劳作谋生，但他们是虔诚的人，希望得到财富，并留给他们的子女珍贵的遗产：信仰与基督教徒的自我克制。在宗教教育的影响下，江沙维在早年就有不可抗拒的、与教会联系在一起的倾向。他所居住的省份是遣使会控制大量教徒的省份之一。他偶然参加了他们的集会，并在此像一个不在乎付出代价的人一样，慷慨地发了誓。[①]

江沙维由布拉加（Braga）大主教在利蒙埃斯（Limões）圣若昂（S. João）教堂洗礼入教，并于1799年5月17日进入里斯本里那佛勒斯（Rilhafoles）修道院学习。他于1801年5月18日起发愿，并在此担任教师。[②]

江沙维东来中国传教的原因，可能是当时葡萄牙国内比较动荡的政局。由于不喜欢这样的政治局面，江沙维便申请前来中国传教并获得批准，于1812年从里斯本出发，离开葡萄牙。加略利指出，当时，葡萄牙正受到争权夺利的党派的困扰，江沙维决定去没有政治风波的国家，去感受平静氛围下的宗教生活的愉悦。为了这个决定，他申请参加赴中国传教团。在中国，葡萄牙遣使会会士被委托来管理一片广大的地区。由于他具有成为一名优秀传教士的绝大部分素质，他顺利地获得主管的同意，于1812年乘坐本国船只“马吉纳尼莫（Magnanimo）”号前往中国。

至于江沙维何时到达澳门，据加略利的说法是在1814年6月28日。“遵循葡萄牙的习惯和与所有的航海活动有限的小型海洋国家一样，克维特式战舰‘马吉纳尼莫’在离开里斯本时，获令在其航程中停靠一大批港口。因此，江沙维在巴西、印度、菲律宾群岛各待了几个月，于1814年6月28日到达澳门。”

据其他史料，江沙维到达的时间为1813年。如施白蒂说：“1813年6月28日，里那佛勒斯修道院拉匝禄修士会分支的若阿金·阿丰索·

---

① 加略利：《江沙维神父传记：包括一份有其各类汉学著作介绍的生平简介》，《中国丛报》1846年第2期，第69-80页。该文由加略利用法文写成，由《中国丛报》译为英文。以下引文如未注明出处，均系引自该处。

② ［葡］安东尼奥·阿雷斯塔：《若亚敬·亚丰素·江沙维——教授兼汉学家》，《行政》，2000，第501页。

冈萨雷斯（现译为江沙维）抵澳门。”[①] 文德泉（Manuel Teixeira）称，（江沙维）1812 年离开里斯本，次年 6 月 28 日到达澳门。另外，《葡萄牙汉学回顾》及《葡萄牙——巴西文化百科全书》均称他于 1813 年到达澳门。

江沙维原本获派前往北京传教，到达澳门后，由于清政府执行禁教政策，他无法成行，只好逗留澳门，在圣若瑟修院度过了余生。加略利说：“由葡萄牙人、中国人组成的在澳门的葡萄牙传教士们，希望北京王廷刮起的、反对他们的风暴最终会过去，凭着他们掌管历法的数学家的能力，他们能重返‘天朝’帝国的首都。在这个期望之下，江沙维被选为在北京的欧洲科学代表之一，这更迫使他学习已在自己心中扎根的数学与天文学知识。但由于嘉庆帝颁下针对基督宗教的严厉圣谕，令人毫无疑问地感到南怀仁、汤若望的时代一去不复返了。”

江沙维在澳门的工作，除传教外，主要是在圣若瑟修院从事教学工作，因为该修院已经由耶稣会转由拉匝禄会来掌管。文德泉指出：“是北京主教 D. Alexandre de Gouvea（汤士选）将澳门圣若瑟修院托付予拉匝禄会会士。而圣若瑟修院，自从 1762 年 7 月 5 日耶稣会会士撤离后，一直空置着……”[②]

江沙维教授的内容主要是语言，包括欧洲语言和汉语。加略利介绍道：江沙维神父在澳门的许多年里，他几乎持续不断管理着一些准备去教堂工作的中国青年人的教育工作。他对学生及平民很慈爱，并屈尊赐教。……在他生命的最后时期，他在学院里开设了一个英语免费课程。他的英语讲得很好，写作亦相当的正确，西班牙语亦同样的好，但意大利语及法语差一些。

---

① ［葡］施白蒂著，姚京明译：《澳门编年史：十九世纪》，澳门基金会，1998，第 16 页。

② ［葡］文德泉：《拉匝禄会士在澳门》，《澳门教区》月刊第 445 号（1941 年 4 月），第 891-892 页。

在此修院教授语言，特别是中文，有其重要原因。安东尼奥·阿雷斯塔指出，对中文的认识对于在澳门的葡萄牙人是重要的，而对葡文的认识对于中国人亦同样重要。但是，当设立了传译职务后，通常这一职务由一个懂双语的土生澳门人或中国人教友担任，而在语言上自然出现了很多误解的情况。若亚敬神父在教学教材及教堂理论范畴上实在占有重要的地位，而他的语法规则处理法被沿用至葡国统治结束。[①]

此外，江沙维还教授音乐，开设了与英语同样课时的音乐课，并创作了许多中西音乐作品。他对音乐有自然的品位，并对音乐进行了充分的修习，能够创作一些正确的音乐乐章。在重大的节日里，圣若瑟教堂里就会奏响江沙维作曲的音乐，由他的学生演奏，优秀的男高音演唱者演唱。在他创作的西洋音乐及众多中国乐曲中，一个显著的特色是无处可见其他任何作曲家的一个音符和一个曲词。当时，对于音乐创作，他是有所顾忌的，即预防有不自觉剽窃的可能性，他不愿查询以前出版的同一主题的任何作品。

音乐领域的这些成就，与江沙维极高的音乐天赋是分不开的。施白蒂称他“在音乐上也极有天赋。他的作品在他传教、生活的圣若瑟修院被印刷流传”。[②]

此外，江沙维还进行了一些为澳门社会服务的活动，以致在澳门出现动荡时，他要被迫逃离澳门达两年之久。他被征入由澳门总督组成的委员会，并审议很重要的公共事务。……在完成了1822年至1823年的工作之后，澳门议事会翻译员办公室的工作人员不得不在遭受总督的专制迫害之前逃离。江沙维逃到了在伶仃洋进行鸦片贸易

① ［葡］安东尼奥·阿雷斯塔：《若亚敬·亚丰素·江沙维——教授兼汉学家》，《行政》，2000，第504页。

② ［葡］施白蒂著，姚京明译：《澳门编年史：十九世纪》，澳门基金会，1998，第16页。

的英国船只上，因为其品德和优点，获得了好心的接待。

1841 年 9 月，澳门当时的气候是酷热的，江沙维神父完成了他的《拉汉大字典》的印刷工作和他的《汉拉字典》手稿。他打算去青洲度过炎热季节剩下的时间。他去了海边沐浴。……在沐浴之后，他可能得了严重的风寒，这迫使他从青洲回到了澳门。……10 月 3 日天主教念珠祈祷的星期日下午 5 时，江沙维神父离世。

由于在教育领域的辛勤工作及其对澳葡政府的贡献，江沙维获得了澳葡政府及各界的尊重与好评。澳葡政府及各界民众对他的去世表示了哀悼。加略利指出："他的死讯被感觉到是整个澳门的不幸事件。次日早晨，许多市民未获邀请，自愿来参加他的葬礼，并伴随他的遗体来到他安息的地方。江沙维神父确实获得了所有人的爱戴。除开他的特殊之处外，他们认为他是一名好神父、一位优秀的市民和很朴实的哲人。中国人同样很感谢他，并认为他与中国的教师一样受到良好的教育，这并不是因为他写作的杰出著作，而是他的个人品性获得了承认。"他的学生们自发地为他购买了一块永久墓地，使他永远安息在澳门这块土地上。

因在汉学研究领域的伟大成就，江沙维获得了许多荣誉：曾任加尔各答皇室亚洲学会成员，又是里斯本科学院院士和 Conceição de Vila Vicosa 圣母会会士，还被授予圣母贡塞桑勋章。但他获任为院士的证书和勋章是在他死后才颁发的。施白蒂介绍："他生前还是加尔各答亚洲学会的理事，并于 1840 年 11 月 18 日当选为里斯本科学院通讯院士，但尚未接到证书和颁给他的圣母贡塞桑勋章就去世了。他的业绩以政令公布。"①

江沙维死后，他的名字虽然没有用于命名澳门的街道以纪念他，

① ［葡］施白蒂著，姚京明译：《澳门编年史：十九世纪》，澳门基金会，1998，第 81 页。

但在1872年，澳门总督欧美德（Januário Correia d' Almeida）亲自以最隆重礼仪主持他的迁葬仪式，将他的遗骸从圣保禄教堂墓地迁往圣若瑟修院教堂。1912年，他的名字被列入教会年鉴，其中评价“他为上帝圣名之城澳门增光”[①]。

第二节 汉学研究工作及著作考略

江沙维汉学研究工作始于其到达澳门之后。首先是学习汉语，他原准备入京传教，故先学官方语言。加略利介绍：“江沙维学习汉语完全具有天然的热情。在第一年，他学习通常被称为官方语言的北方语言。他讲的官方语言很流利，语调亦准确。”

日本学者内田庆市指出，江沙维所使用的汉语是以北京官方语言为标准的，这在当时是很奇异的事情。因为19世纪早期的来华传教士如马礼逊、卫三畏等都以广东话为主，只有江沙维和罗伯聃（Robert Thom，1807—1846）是例外。……西洋人正式认为北京话是汉语的标准话是从威妥玛开始的。其实，比威妥玛还早50年，江沙维已经站在了这样的立场上。这是威妥玛赞扬江沙维的《汉字文法》的原因。江沙维来华的目的本来是在钦天监工作，所以他来到澳门以后，立刻开始学习北京官方语言，但他没有达到这个目的，一直待在澳门。

后来因不能赴京，江沙维又学习了广东话。加略利指出，为了完

① ［葡］安东尼奥·阿雷斯塔：《若亚敬·亚丰素·江沙维——教授兼汉学家》，《行政》，2000，第501页。

成其神父职责及对在其居住地区的华人更有用处，他虽然不愿意，因为广东话中包含了许多对音乐家的耳朵来说不悦耳的语音，但还是花了三年时间来学习广东话。此后，汉语成了他特有的研究领域。

究其重视语言学习的原因，安东尼奥·阿雷斯塔做出了很好的解释："一个以拉丁文及天主教文化培养出来的人，要以理智的态度放弃以欧洲及种族为中心的情结来敞开自己的心扉，接受另一种截然不同的文明世界观，从这事实的反映来看，该会是颇为有趣的。他以有条理的方式及毅力学习艰涩的中文，这是他迈向中国的第一步。其后，便是适应无数的风俗习惯、日常生活的心理、文化、一般艺术或礼仪。时至今日，人们对于若亚敬神父能在短短数年间迅速学懂中文均表惊讶。他不但能讲，而且能以极有深度的中文撰写大量的作品。"①

江沙维工作勤奋，常超负荷工作，每天工作达 16～18 个小时，故能取得许多成就。加略利说："那些没有比江沙维更持久与坚定地进行研究的人们有理由吃惊，作为一名汉学家，江沙维在他的研究中令人吃惊地完成了如此之多的著作，其中一些足以令他流芳百世。对我来说，在与他有 7 年之久的密切交往中，有一个关于他的唯一的且非常罕见的现象是，他的体能使他能忍受令人衰竭的热带炎热天气的影响以及他天生的精力在已知的、没有放松的情况下，从未屈从于他超负荷的工作。"

他的汉学著作，均由圣若瑟修院印刷出版，按时间顺序，主要有以下这些：

① [葡] 安东尼奥·阿雷斯塔：《若亚敬·亚丰素·江沙维——教授兼汉学家》，《行政》，2000，第504页。

1828 年，在澳门出版其首部著作——《中国青年实用拉丁文文法》(*Grammatica Latina, ad usum sinensium juvenum*)，用于帮助华人学生学习拉丁文，按拉丁文语法原则编排。加略利指出，1828 年，江沙维神父在澳门出版的第一部著作是一本十六开本的小型著作，其书名为《中国青年实用拉丁文文法》。该书是他在教授拉丁文时，为准备去教堂工作的年轻中国人编写的。它从语言的成分、字母与音节开始，后面有变格与拉丁动词变位、几个句法练习、一些对话，最后是一些书信的格式。

1829 年，《汉字文法》(*Arte China*) 及《常用词汇和语法》完成。

《汉字文法》《葡华字典》(*Diccionario protuguez-china, no estylo vulgar mandarim, e classico geral*) 和《华葡字典》(*Diccionario china-portuguez, no estylo vulgar mandarim, e classico geral*) 是他三部最优秀的著作，足以确立其在汉学研究领域的地位。

《汉字文法》共有 550 页，分为八章，共 9 个部分：前言；第一章，*Alphabeto China*，汉字笔画和偏旁部首；第二章，*Frases Vulgares E Sublimbs*，口语和文言文中的短语和句子；第三章，*Grammatica*，口语和文言文语法；第四章，句法；第五章，*Syntaxe*，问答；第六章，*Proverbios*，俗语；第七章，*Historia E Fabula*，历史和传说；第八章，*Compsicões Chinas*，汉语作文。从前言到第四章，属于汉语的文法，帮助学生从语法角度认识汉语。第五章到第七章帮助学生培养汉语的综合能力。后有附录，分为两个部分：*I Arte China sem Letras Chinas*；*II Indice*。

这部著作的特色：第一，在各章的编写中，江沙维融入了其汉语教学的经验，采用了一些自己独创的方法。把称为字根的汉字 214 个偏旁部首减少为 124 个，编成一个汉字笔画表；将汉语语音分解为 1300 个音节，编成语音组；将汉字的 1411 个不同的形符称为“字母”，作为汉字辨认的结构单位。第二，内容丰富。它不仅有汉字结构、分解语音音素、语法规律等语言的基本要素，还编有附注释的近 100 页的中国历史，将中国五千年历史进行梳理；在作文笔法部分，江沙维十分地道地介绍“起承转合”等中国作文的传统技巧及五言、七言古诗律诗的作法，对偶，平仄，虚实，叶韵，排律等规则和修辞手法，且有选文示范，并教以八股文、圣谕、告示、契约、书信等公文程式，例如《左传·郑庄公戒饬守臣》、魏征《谏太宗十思疏》、李白《春夜宴桃李园序》、柳宗元《箕子碑》、古诗《大风歌》等。

对于这部汉学巨著，后人是如何评论的呢？法国法兰西学院首任汉学讲座教授、被誉为法国汉学之父的雷慕沙（Abel Renusat）在 1831 年 9 月《学者报》（*Savant*）上发表文章评论道：“澳门耶稣会（应为遣使会，著者注）的贡萨维斯神父是《汉字文法》这部研究中国语言著作的作者。作为教授中文口语和书面语言初学者必要的学习方法，该书分为三册，向读者介绍了四个解词释义的基本概念，通过与蒙杜西相同的方法，将字典中常用的 214 个词缩减为 124 个，并按不同的发音编写了 1300 个片语索引。这本索引长达 74 页，使用了 1411 个字元，他本人称此为中国字母表。然而，《汉字文法》不仅是一本简单的中国字词手册，书中还包括文学和民间的散文、语法、虚词、四十四段对白、历史故事和神话故事、公文书信和短文、官话和粤语例句选。不认可他的著作有欠公允。仅其第一册就足以与著名汉学家齐名。”

加略利在 1846 年 2 月指出，1829 年江沙维神父完成了《汉字文法》一书。它是经江沙维神父之笔所著的最好的著作。它是一本葡萄牙语与汉语语法书。一打开它，就能发现一些书前的表格，如字母表，变格、动词变位元和句法，一些对话及谚语的范例。在其书后，还有一些书信的格式。……在该书开始时，被江沙维神父称为“汉语字母表”的部分，是一份（汉语中的）部首与语音表，它们根据笔顺与笔画来排列。这份表几乎能包含所有收录的汉字的部首和音节，……它插入了小段例文、一定数量的有几个音节的片语、清晰的句子，这些使学习这些表变得非常枯燥而且困难，以致（据江沙维自己坦白）他的学生没有一个能读完它。……在它之后的一个章节，包含了16段官方语言的对话，它们在开始学习汉语时有很大的用处。随后有谚语表、被改编的来自寓言与历史文献中的各式各样的文摘，以方便阅读中国作家（的作品）。最后，该著作以一些文体的范文，特别是演说词、诗歌、公文与书信来结束。当我们浏览它之后，对《汉字文法》主要的评价是，它收集的素材是如此丰富，以至比已出版的所有这类著作都要丰富。

刘羡冰评价道：“江沙维这本《汉字文法》比利玛窦、金尼阁等早期的汉学家对汉字的分析、整理和归纳，在体系上、在内容上，更具功力，走出了前人未走过的路子。在汉语作为外语的教学上，他提供了新课本、新经验，对澳门、对欧洲、对世界的对外汉语的教学方法的探索，都有一定的影响。”①

柳若梅指出：“江沙维的《汉字文法》虽然是一部总结汉语规律的汉语语法书，却是作者在其欧洲语言学知识背景之下，结合中国语言的特点并吸收中国的汉语研究成就撰写而成的，该书汉语口语和书面语兼顾，中西文法相对应，例句丰富且准确无误。……俄罗斯汉学奠基人比丘林在其1838年出版的俄罗斯汉学史上第一部汉语语法书——《汉文启蒙》前言中，历数欧洲人以往所出版的六种汉语语法

① 刘羡冰：《双语精英与文化交流》，澳门基金会，1994，第40页。

书后，认为江沙维的《汉字文法》是一部体系完备的汉语语法书。”[①]

《汉字文法》对江沙维的汉语教学工作帮助很大。柳若梅指出，江沙维的《汉字文法》用于帮助圣若瑟修院教士的汉语教学，培养其学生为未来的传教士。了解中国人的日常生活和中华文化基本知识是传教活动必不可少的基础，因而在《汉字文法》中，从第五章开始，以培养学生汉语综合能力为核心，锻炼学生基本的汉语实践能力。第五章将学生生活、工作中常用的话语分为46个专题，设计了专门的问答（2000多句），这样在培养学生语言能力的同时，也向学生展现了中国人生活的各个方面。第六章是在日常生活中经常使用的一种语言形式——俗语，书中300多条俗语能够帮助学生进一步拓展其语言能力，了解中国人的日常生活和语言习惯。语言是文化的载体，特别是具有悠久历史的中国的语言，其历史内涵丰富。《汉字文法》的第七章“历史和传说”，通过历史人物和历史事件展现从先秦至唐宋时期的中国历史；在此基础上，再辅以80个神话传说，帮助学生提高中国历史文化修养，理解汉语中经常出现的一些历史典故；江沙维还通过400多个例句说明这些历史故事和神话传说怎样应用于汉语。语言的口头表达与书面表达之间存在很大差异，在汉语中，句子讲究修辞，作文讲究笔法，文章讲究篇法，这些也都是《汉字文法》所涉及的内容，除细致地说明这些技巧外，还辅以中国典籍为例。中国诗歌是令西方人称奇的内容之一，中国被称为“诗歌的国度”，在《汉字文法》中，江沙维分别用葡语和中文详细说明中国诗歌的创作方法。传教生活中一些公文往来也必不可少，《汉字文法》中细致讲解并以实例说明。

---

① 柳若梅：《江沙维的〈汉字文法〉与比丘林的〈汉文启蒙〉》，《华南师范大学学报》（社会科学版）2009年第6期，第152页。

1831年，《葡华字典》出版，有872页。1833年，《华葡字典》亦出版，有1154页。关于这两本江沙维的重要著作，加略利介绍："两年之后，在快到1831年底时，他出版了《葡华字典》。它为八开本，装成厚厚一册。这本著作是我们这个时代能使用的非常好的著作，甚至是到今天为止最好的著作。其作者自己亦觉得很满意。在1833年出版的《华葡字典》是一部同样的著作，没有其他书可以与它媲美。它受到了嫉妒性批评的攻击，因为它根据部首系统编排，但这种系统是不完善的，且经常违反汉字的构成规则。从霍雷斯（Horace）时代到我们今天，第一等作者极少忽视他们自己的著作的成就，但江沙维极其谦虚地称他的著作没有开创中国文化史研究中的一个新时代。"

《中国丛报》对《葡华字典》和《华葡字典》的评价是："这两部著作收录了大量的片语和定义，但是它们收录的语言阻碍了它们被经常使用。在后者，作者没有必要地按难于理解的《康熙字典》214个部首的编排，而不是采用他自己的系统。"[①]

在随后的几年中，直到生命的最后一刻，江沙维把他的精力放到了编制拉丁文与汉语对照的字典上来。先后出版了《拉丁文-汉语字典（洋汉合字典）》（*Vocabularium latino-sinicum pronuntiatione mandarina, litteris latinis expressa*）（1836），《拉汉小字典》（*Lexicon manuale latino-sinicum continens omnia vocabula utilia et primitiva etiam scriptae sacra*）（1839），《拉汉大字典》（*Lexicon magnum latino-sinicum, ostendens etymologiam, prosodiam et constructionem vocabulorum*）（1841）。另有一部《汉拉大字典（汉洋合字典）》亦已完稿，但未能及时出版。

① 汤开建、陈文源、叶农：《鸦片战争后澳门社会生活纪实：近代澳门报刊资料选粹》，花城出版社，2001，第189页。

江沙维之所以这样做，是出于其爱国热情。加略利介绍，但是他看到了一个……巨大障碍：这些著作写作的语言是在葡萄牙外少有人知的葡萄牙语。由于他的爱国主义感情，他亦有意寻求通过用拉丁文出版4部字典来弥补这个错误。……第一部是一本1836年出版的《拉丁文-汉语字典（洋汉合字典）》，主要是对收集在会话中的最重要的词汇有帮助。第二部书名为《拉汉小字典》，只是将以前的著作重印，但增加了大量的冷僻与不常用的词汇。该书的优点不多，据我所知，还没有发现作者在其出版时所提到的优点。它为八开本，1839年在澳门印刷。第三部书名为《拉汉大字典》。它是用于弥补《拉汉小字典》中的不足。里面还包含了许多片语和句子，它为中国学生学习拉丁文提供简易的练习。……江沙维神父的《汉拉大字典（汉洋合字典）》在其去世前几天才完成，手稿留在他澳门的同事手中。该书在词表方面与那些已经出版的著作完全不同。它收录的1万个例词的编排法已有改进，采用组成它们的笔画多少来排列，而不是考虑它们所属的合适的部首。采用二画、六画、十二画等方法来代替按植物、树木、石头、马匹等分类，并在这个体系之下编排部首与音节。

除以上著作之外，江沙维还翻译了《新约》。在本书所采用的史料中，都称江沙维神父用清朝官话翻译了《新约》，并在他死后才出版。但根据加略利的记载，这可能有误。加略利说："我将不谈归因于江沙维神父的《新约》汉译本的问题。因为，当它被提议由他交付印刷时，真正的作者并不是他，这一点他自己亦多次谈到。"根据这条史料的记载，《新约》的汉译工作可能系由江沙维神父推动，但他并非译者。这一点，还有待史料的进一步发掘。

江沙维系列著作在学术界产生了巨大影响，许多西方汉学家来信与他进行讨论，如法国汉学家儒连（M. Stanislas Julien）。

江沙维的一些著作在 1876 年和 1878 年分别被克利科斯伯爵和哈姆林译成法语。[①] 后来，由于在中国的修道院的学生大增，没有合适的教材，北京西什库教堂重印了他的《拉汉大字典》，称为《拉丁中华合璧字典》，这已是它的第六版了。1936 年，北京的法国遣使会要编一部法文、拉丁文、中文字典，即是以 1922 年第六版《拉汉大字典》为蓝本的。

综上所述，我们可以看到，江沙维神父的汉学成就，主要集中在语言学和辞典编纂方面。安东尼奥·阿雷斯塔指出："在这一革新过程中，学者若阿金·贡萨维斯神父（1781—1841）在语言和辞典学研究方面起了重要的核心作用。"[②] 他的这些成就其实代表了西方汉学研究方向之一，即顺应中国语言文化研究发展的趋势。

西方最早的汉学家，是葡萄牙人入居澳门之后来华传教的耶稣会会士利玛窦等人。从利玛窦至江沙维的 200 余年间，西方的汉学家已从传教士扩展到了欧洲的学者文人。研究的中心从中国澳门、北京传到了法国巴黎，传到了欧洲其他地区；到 19 世纪初，作为早期汉学研究中心的澳门与欧洲汉学研究中心的巴黎，已是东西方文化交相辉映的两颗明珠。而澳门的代表人物应是江沙维，巴黎的代表人物应是上述给予江沙维《汉字文法》很高评价的雷慕沙。

在这 200 余年里，汉学研究的着眼点已从宗教和孔孟之道转移到中国古代的政治、历史、风俗和学术思想上来，而其中的一个主要方向就是研究汉语本身。回顾过去，汉学研究的开拓者利玛窦对汉语与汉字的认识不够深入和系统。后来的汉学家在此基础上于 17—18 世纪又做了不少努力，出现了以艾儒略、金尼阁、柏应理、马国贤、伏

---

① ［葡］安东尼奥·阿雷斯塔：《葡萄牙汉学回顾》，《文化杂志》，第 36-37 期，第 10 页。

② 同注①。

尔泰等为代表的一批学者。他们精通汉语，富有成就，编纂了一批字典、辞书。如柏应理的《中国文法》《中文字典》，马若瑟的《中国语言志略》《文法》《汉语西班牙语成语》等。而到了19世纪上半叶，江沙维的成就，将汉学研究推向一个新的高峰，所以应该说江沙维代表了汉学研究的一个时代。

第三节　教学与研究工作的成就与影响

江沙维在澳门圣若瑟修院的教学工作取得了以下成绩：

一是其教学工作促使他研究汉语，使他获得了一批汉学研究成果，他的汉学成就与其教学工作是分不开的。为了能在修院更好地为来澳门学习的欧洲学生及中国学生教授汉语，他编纂了一批教材、教学参考资料和教学用工具书，以1828年出版的《中国青年实用拉丁文文法》、1829年出版的《汉字文法》最为有名。尤其是后者闻名于欧洲，影响较大，评价很高。这些教材、教学参考资料和教学用工具书，成为他汉学研究的重要组成部分，亦帮助他奠定了在汉学领域的地位。

二是其教学工作培养了一批双语人才，为澳门汉学研究的发展做出了贡献。江沙维在澳门从事教学工作20余年，培养了一大批双语人才。其中许多人，在其带领下，投入编纂字典等巨大工程中去，使因清廷禁教而沉寂了的澳门汉学增添了几分生气，使澳门的传教士汉学后继有人，如在其所编的《汉拉大字典》附录的参与编写者名单中，就有84人。“江沙维神父在圣若瑟修院培养了一批翻译人才，其中最出色的就是1822年到1869年连续47年在市政厅担任翻译的若奥（João Rodrigues Gonçalves）。”①

在江沙维的学生中，比较有名的有加略利。加略利曾在江沙维的指导下，完成了其著作《汉语发音书写系统》（*Scriptura Phoneticum Scripturæ Sinicæ*）：“《汉语发音书写系统》，加略利著。……2 卷。澳门，1841 年出版。这本字典与迄今为止出版的任何字典都不同，汉字按其语音或基本成分编排，它用近 1500 个小组代替了《康熙字典》的 214 个部首。其释义用拉丁文和法文，并且进行了大的合并……”②

《汉拉大字典》的参与编写者之一玛吉士（José Martinho Marques，1810—1867），是澳门首位土生葡萄牙人汉学家，就读于圣若瑟修院，师从江沙维，汉语造诣颇高，官话和粤语十分娴熟。毕业后，取得译员资格，开始在澳门议事会担任翻译，翻译了许多中葡来往的文件。1846 年，应聘赴北京出任法国驻华公使馆翻译，后因使团延迟抵达，他在香港法律部门做了一段时间的中文翻译，直到 1848 年，并在此后的 10 年中，一直都在为法国使团服务。1860 年，他临时接替了退职的卫三畏（Samuel Wells Williams），出任美国来华使团翻译。1861 年 3 月，应普鲁士外交部部长的邀请，又出任了该国使团翻译。晚年回到澳门潜心研究汉语，1867 年 7 月 4 日逝世。③

玛吉士的最大成就是用汉语编著了一部 20 万字的著作——《新释地理备考》。他从大量的外文资料中取材，用十分流畅的文言文写成，备受中国学者重视，著名学者陈澧亲自为它校订。1847—1848 年被

---

① ［葡］文德泉：《澳门的教育》，载刘羡冰著《双语精英与文化交流》，澳门基金会，1994，第 41 页。

② 汤开建、陈文源、叶农：《鸦片战争后澳门社会生活纪实：近代澳门报刊资料选粹》，花城出版社，2001，第 189 页。

③ 赵利峰、吴震：《澳门土生葡人汉学家玛吉士与〈新释地理备考〉》，《暨南学报》2006 年第 2 期，第 131-132 页。

辑进广州《海山仙馆丛书》，后又被辑进《小方壶斋舆地丛钞》第一卷。他亦出版了一本《音乐要素》，据说还著有《中葡字典》，但未出版。

三是其所培养的学生，遍布港澳地区，在中国近代史上发挥过重要作用："他是双语人才的导师，他的学生很多在行政当局担任高职，例如华务代理事务所所长等。"①

早在 1937 年，北京教区就发表了对其传教工作的评价："假如我们不认同他的学术上的工作和他炽热仁爱的心，我们就是没良心的人。因为我们时常赞美他无时不备地服务他人，尤其是正陷入死亡危险的公教外邦人及那些因天主恩宠而皈依真正教会的人。澳门年轻一代可以对他长期居留澳门期间所做出的坚定的献身及忘我精神做出见证。"②

其研究工作之意义，被认为甚至可以与在此之前耶稣会会士所做的工作媲美。安东尼奥·阿雷斯塔这样评价道："拉匝禄会会士若亚敬神父的出现，动摇了耶稣会会士关于研究及认识中国独领风骚的地位。纵使耶稣会会士在这方面仍高占首位，但其他修会的重要性在某种程度上亦不可忽视。"③

值得注意的是，江沙维是 19 世纪的一位终身居留澳门的葡萄牙人，并不像中西文化交流过程中的其他重要人物，只是澳门的匆匆过客。他的教学工作，对中国近代史、港澳史的进程都产生了影响；其编撰的著作，影响之大，可以与以前的耶稣会会士的成就媲美。"葡萄牙人从 16 世纪起就居住在中国澳门这块地方，却没有设立过一间

① [葡] 安东尼奥·阿雷斯塔：《若亚敬·亚丰素·江沙维——教授兼汉学家》，《行政》，2000，第 504 页。

② [葡] 安东尼奥·阿雷斯塔：《若亚敬·亚丰素·江沙维——教授兼汉学家》，《行政》，2000，第 506 页。

③ 同注②。

教授汉学的葡文学校，因为葡萄牙视汉学为一学术上的怪异行为，而当时亦没有葡人汉学家肯去成为这一孤军作战的冒险主角，虽然成功的价值会带来先驱者及风云人物的荣誉。如何理解若亚敬神父在其国家寂寂无闻不为国民所认识，而他的作品亦未被国人研究及出版？……现在是时候轮到这位19世纪的伟大葡人汉学家以其一生著作对不为国民所认识来做出补救了。”[①]

综上所述，通过江沙维的语言教学活动，可见在19世纪中叶以前，澳门的语言教学活动是由外国人掌握的。而江沙维就是最为典型的代表，其教学活动影响深远，意义不小。

① [葡] 安东尼奥·阿雷斯塔：《若亚敬·亚丰素·江沙维——教授兼汉学家》，《行政》，2000，第506页。

第三章　后江沙维时代——澳葡政府时期的语言教学工作

19 世纪中期，澳门的语言政策发生了重大变化，使澳门的语言交流及语言教学活动进入一个新阶段。该时期爆发的鸦片战争及《南京条约》的签订都对澳门产生巨大影响。

第一次鸦片战争之后，澳葡政府利用清政府的软弱无能，大肆扩张其在澳门的管治范围，拆毁香山县丞衙署，关闭粤海关设在澳门的关部行台，驱赶中方官员，并千方百计诱使清政府于 1887 年签订《中葡和好通商条约》，从根本上改变澳门的管治权，在澳门地区推行殖民统治。作为殖民统治的重要手段，澳葡政府确立了葡萄牙语作为唯一官方语言的地位。

为了在谈判中知己知彼，及时了解中方情况，长期占领澳门并伺机扩充领土的澳葡政府开始重视华务工作。另外，澳葡政府的管治权从葡人社会延伸至华人社会，亦需大量双语人才管理华人。在这种情况下，澳葡政府通过法令于 1885 年正式设立华务机构，并在该机构下设立政府翻译团队。

在翻译人员构成上，澳门政府改变任用进教华人的传统做法，转而在澳门土生葡萄牙人中培训翻译人才，并于1905年通过王室预算法令正式设立专门培训翻译的“华语学校”，改变了翻译人员由教会教育机构如圣若瑟修院培训的传统做法。在这种情况下，19世纪以来在澳门语言沟通方面发挥重要作用的转而是澳门土生葡萄牙人，其中许多人成为近代著名的翻译家和汉学家。

从19世纪起，澳门的语言大家庭又受到后起之秀——英语的影响；而其他族群，如泰国人、菲律宾人、印度尼西亚人、越南人、印度人等的加入，使澳门的语言环境变得更加多元化，对今日澳门仍具有很大影响。

至1999年澳门回归祖国，在这100余年的历史发展过程中，澳门语言教学经历了从适应殖民统治的葡萄牙语官方化至顺应时代要求的中文地位官方化的转变。

第一节 澳葡政府的建立与葡萄牙语官方语言地位的确立

鸦片战争结束后，澳葡政府乘机在澳门地区推行殖民统治。1846年，亚马留出任澳门总督。在其任总督期间，澳葡政府完成了转型，完全建成了早期澳葡政府的政治架构。吴志良博士说：“葡萄牙全面夺得澳门的管治权，是亚马留总督1846年4月上任推行新的税收制度、扩张领土等殖民措施逐步落实后的事情。”[①]

1845年11月，葡萄牙女王唐娜·玛丽亚二世派遣亚马留出任总

① 吴志良：《生存之道：论澳门政治制度与政治发展》，澳门成人教育学会，1998，第132页。

督。他一上任，立即总揽军政大权，使葡萄牙的一系列殖民政策得以实现。从此，澳葡议事会自治体制宣告结束，代之以澳督的专制体制。具体措施有：对外，要求停泊澳门的船只去澳门港务局登记，停止向清政府交纳地租，开辟通往关闸的马路并进而侵占关闸以南和凼仔的土地，驱逐中国驻澳海关行台。特别是1849年3月驱逐海关行台，迫使中国政府无法直接行使对澳门的主权和治权，结束了近300年华洋共处分治的局面。对内，取消议事会，进一步加强澳督专制体制。至亚马留被暗杀时，澳葡政府的组建基本完成。施白蒂说："1846年4月21日，新任总督若奥·费雷拉多·亚马留就职后表示他管治的地方不能有第二个权力。1847年12月5日，议事会致里斯本的申请书中抱怨总督的独断，而亚马留先通过训令，后又以法令的形式宣布解散议事会。"①

从《中国丛报》的记载，我们可以看出亚马留时期的澳葡政府的组成：

第17卷：总督、判事官、执行指挥官、主教。

第19卷［15］（Vol. 19，No. 1，P 13）：执行指挥官、议政公会（主教、主判事官、少校、判事官、委黎多、税收官）、主教（秘书）、总督公会（辅政司、总督副官、职员）、律政司、船政厅、驿务司、按察司（判事官、判事官代替人、书记员、职员、会计师）、议事公会（判事官、市政官、委黎多、职员）、华政衙门（委黎多、翻译官）、公物会（税收官、司库、会计师）、治安委员（职员）、公物库房（司库、职员）、公钞房（职员）。

第20卷［15］（Vol. 20，No. 1，P 15）：指挥官（临时指挥官）、议政公会（主教、主判事官、指挥官、市政官、委黎多、税务官）、主教

① ［葡］施白蒂著，姚京明译：《澳门编年史：十九世纪》，澳门基金会，1998，第55页。

（主教秘书）、总督公会（辅政司、总督副官、职员）、律政司、船政厅、驿务司、按察司（判事官、判事官代替人、书记员、职员、会计师）、议事公会（判事官、市政官、委黎多、职员）、华政衙门（委黎多、翻译官、职员）、公物会（税务官、司库、会计师）、治安委员（职员）、公物库房（执行司库、职员）、公钞房（秘书）。

从上述可以看出，这时的澳葡政府的架构出现了质的飞跃，政府部门多达14个，仅新增的就有总督公会、律政司、船政厅、驿务司、按察司、华政衙门、公物会、公物库房、公钞房。

自19世纪中叶以来，经过多次演变，最后澳葡政府形成了由总督和立法会为首的管治机关（或称政府机关）及公共行政当局（俗称政府）组成的架构格局。公共行政当局是总督辖下的行政组织架构的总和，即各个政务司的总和。这些政务司主要有7个，即经济暨财政政务司，工务暨运输政务司，司法事务政务司，卫生暨社会事务政务司，行政、教育暨青年事务政务司，保安政务司，宣传、旅游暨文化事务政务司。[①]

这些政务司的设立与亚马留时期设立的澳葡政府部门存在着紧密的联系。首先，从总督公会和议政公会的设立来看，在亚马留出任总督后，殖民管治制度在澳门的影响日益加强，作为葡萄牙国家代表的总督的权力也随之扩充。总督公会，由辅政司、总督副官和一些职员组成，实际上是总督私人班子，后来还增加了澳门总督衙门，辅政司亦独立。总督的班子不断扩大，与自治时期仅为“兵头”，是有天壤之别的。这开了澳门政治架构中类似港英政府的“行政主导”制的先河。而议政公会，即政务委员会，亦是澳葡政府的一个重要机构。它开始时还只是一个临时机构，只在总督出缺或发生重大政治动荡时，

① 黄汉强、吴志良：《澳门总览》，澳门基金会，1996，第92页。

才由一些政府官员和主教等组成并执政。在19世纪，它先后调整过几次：1823年9月23日至1825年，由沙辛（D. Francisco da Luís Chacim）主教、依德费基（João Cabral d' Estefique）少校和市政厅当月市政委员组成；1827年11月15日至1829年，由沙辛主教、总特别法官科斯塔（Dr. Joze Philipe Pires da Costa）博士和格兰普莱（Alexandre Joaquim Grand-Pré）少校组成；1849年8月22日至1850年，亚马留被暗杀后，其成员相应做了调整；1850年7月7日至1851年，官也（Pedro Alex andrino da Cunha）总督病逝后，议政公会逐渐成为总督的一个重要咨询机构，并有立法职能。进入20世纪，它成为"总督之后首要和主要管理机关，依法密切协同总督运作"。[①] 之后又分为立法会和行政会，再后来几经分合，成为澳门立法会和咨询会。

其次，在自治时期占主导地位的议事会，这时已经仅为澳葡政府的一个部门，改名为议事公会，只享有剩余权力，沦为单纯的市政机构。而根据1933年《殖民法》和《海外行政改革法》，它仅负责道路维修，市政卫生、屠场、坟场、市场管理，车辆牌照和驾驶执照发放，门牌和街道名称编制等。到1976年时，其公共道路建设、城市规划等职能亦被取消。至1988年，还被分为澳门、海岛两个市政厅。议事会的其他权力，分别被独立出来，成为澳葡政府的新政府部门。一是将原理事官从议事会中划出，转归总督管辖，后改设华政衙门。它的设立，是一个重大变化。华政衙门改为直属于总督后，成为总督管理在澳华人的机构，并有部分初级司法权，在此以前澳葡政府是无权过问在澳华人事务的。[②]

① 吴志良：《生存之道：论澳门政治制度与政治发展》，澳门成人教育学会，1998，第214页。
② 吴志良：《生存之道：论澳门政治制度与政治发展》，澳门成人教育学会，1998，第104-106页。

律政司与按察司是将原来自治时期议事会行使的司法权、法官的权力合并后新设立的，旨在强化澳葡政府在澳门的司法特权，它剥夺了清政府在澳门的司法权。而公物会、公物库房和公钞房，均是澳葡政府的财政税收部门，原来均为议事会的下属机构，现均转属于总督，它们成为现代澳葡政府七大政务司的来源。

最后，除将议事会的部门独立成政府部门外，还有一些为适应殖民统治的需求而设立的部门，如船政厅、驿务司。总之，亚马留时期是澳葡政府政治架构演变最为重要的阶段。他推行的一系列措施，奠定了澳门特别行政区政府的基础。关于这一点，我们可以参考下列葡萄牙对澳门实行殖民统治时期的澳葡政府的架构作个比较：

总督亚马留时期下设总督（议政公会）、总督公会、主教（下设秘书）、指挥官、议事公会（下设判事官、市政官、委黎多、职员）、治安委员（下设职员）、律政司、船政厅、驿务司、按察司（下设判事官、判事官代替人、书记员、职员、会计师）、华政衙门（下设委黎多、翻译官）、公物会（下设税收官、司库、会计师）、公物库房（下设司库、职员）、公钞房（下设职员）。

总督施理华（Carlos Eugénio Correüa da Silva）时期（1877 年）[①]下设澳门总督、辅政司、总督公会、议政公会、工程公会（工务司）、工程公所、主教、管理教务公所、教士议事公会、管理中国传教业公会（大堂、风信堂、花王堂、圣母堂、若瑟堂、嘉辣堂、龙嵩堂、育婴堂、板障堂、西洋望小堂）、管理军器公物公所（管理军器公物使）、西洋战船、水师统领、步兵营（步兵统领）、民兵营（民兵统领）、大炮台、加司栏炮台、妈阁炮台、竹仔室炮台、东望洋炮台、马交石炮台、望厦炮台、雀仔园炮台、加司栏下炮台、南湾炮台、十字

---

① 汤开建、吴志良：《〈澳门宪报〉中文资料辑录：1850—1911》，澳门基金会，2002，第 7-8 页。

门炮台、议事公会、水师巡捕所（水师巡捕官）、巡捕兵营（巡捕官）、律政司、船政厅（船政官）、按察司、文谳公会、武谳公会、西洋政务厅（政务官）、华政衙门（理事官）、翻译官公所、公物会、公物会公所、公物库房、公钞房、公钞会公所、商政公会、契券注记公所、太医局、武营医院、番人医院、麻风院、管理育婴堂物业公会、西洋坟、救火公馆、洁净街道馆、义学公会、若瑟堂书院、罗沙利麻女书院、二龙喉花园、加司栏花园。

鸦片战争后，澳葡政府夺得了对澳门华人的管辖权，而澳葡政府为了管辖澳门华人，需要建立专门的翻译机构。1847 年 3 月 27 日，亚马留总督发布训令，将华政衙门（理事官署）从议事公会手中转入里斯本政府秘书处的执掌下，也就是说，转由总督控制。同年 4 月12 日，他又颁布第 10 号总督训令，将理事官署单列出来，具体成员有理事官、翻译官、一等普通口译、二等普通口译、衙役、华文先生、华文公告缮写员。[①] 但至 19 世纪 80 年代，华政衙门因下列问题被改组：业务量剧增与人手短缺之间的矛盾日益突出；工作中存在的翻译迟缓问题；译文不可靠等问题造成严重损失；翻译官边学边干的模式效率低，不利于翻译质量的提高；由华政衙门兼管翻译工作之现行体制的缺陷导致理事官难尽其职责。1885 年 11 月 2 日，葡王发布王室敕令，对华政衙门加以改组，将译务科从华政衙门分出，另设一独立部门，名为译务署（Repartição do Exediente Sínico），又称为翻译房。

澳门译务署在与华人的联系方面为澳葡政府各部门提供协助。作为一个与华政衙门平等的部门，译务署要承担澳葡政府各部门的翻译工作。其人员编制为三名一等华文翻译，其中第一位为正翻译官，第

① 吴志良、汤开建、金国平：《澳门编年史（第四卷）》，广东人民出版社，2009，第 1626 页；张廷茂：《晚清澳门华政衙门研究》，社会科学文献出版社，2017，第 47-48 页。

二位为副翻译官，第三位为翻译官；三名二等华文翻译；一名华文先生及一名帮办；两名华人文案；一名华人办事员。译务署的具体工作职责为：

①中文文件的葡译和葡语文件的汉译之全部翻译工作，既包括有关总督分内事务、澳葡政府部门与中国当局关系的文件，也包括澳门、氹仔、路环公共部门之专门事务的文件。

②遵照总督的安排，在其有需要时为其提供广东话和汉语官话的口译。

③派遣中文口译到澳门之外进行翻译工作，每次均由总督决定。

④上述部门的长官因不便将需要翻译的文件送到译务署而提出翻译要求时，可派翻译人员前去该部门进行翻译。

⑤指派译员前往任何中国官员在场的部门进行官话口译。

⑥将来自中国官府的公文原件、回复中国官府的中文原件的全真抄件，以及所有未刊于《澳门宪报》和未在其部门归档的文件的中文译本加以归档。

⑦《澳门宪报》上中文页面的官方文件，翻译应校对其排印校样（provas typograhicas）以便出版。[①]

葡萄牙人在澳门确立殖民统治之后，在此后的100余年里，澳葡政府一直管辖着澳门地区，葡萄牙语成为澳门地区唯一的官方语言，处于“葡语独尊”的地位，而澳葡政府只注重为葡萄牙后裔提供教育条件，而不注重基础教育中的语言教育。张桂菊指出：“葡萄牙人1553年登陆澳门改变了其开埠之前的单语社会，此后逐渐形成了汉语和葡语等双语和多语社会。1842年鸦片战争失败，葡语在澳门获

① 张廷茂：《晚清澳门华政衙门研究》，社会科学文献出版社，2017，第191-194页；《澳门译务署译学馆建置考》，《文化杂志》（中文版），2014年第91期，第1-20页；张廷茂：《从翻译官公所到译务署——澳葡当局政府翻译机构沿革考论》，《澳门研究》，2017年第85期。

得了官方语言的合法地位。当时实行的语言政策有三个特征：一是在官立及政府资助的中小学中推广葡语——将葡语作为教学语言或开设葡语课程；二是在招聘政府公职人员时，要求应聘者‘必须懂得阅读及讲葡语’；三是要求所有招牌、海报、通告及在餐馆或场所都必须用葡语书写。这些语言政策在一定程度上起到了推广葡语的作用。总之，回归前澳葡政府推行的是语言霸权主义，采取‘葡语独尊’的立场，坚持葡文教育政策，仅关心少数官立葡文学校的发展，为只占澳门 4%的葡萄牙后裔提供相对较好的教育条件和支持。对基础教育中的语言教学，特别是占澳门绝大多数私立学校中的语言教学，长期‘扮演着不闻不问、不负责任的角色’。”[①]

葡萄牙语在澳门的使用范围也很小。据分析，1991 年澳门居住人口为 401 873 人，3 岁及 3 岁以上的居住人口中，85.8%的人以广州话为家中常用语言，而普通话及其他中国方言分别占 1.2%及 9.6%；以葡语为家中常用语言的居住人口占 1.8%；以英语及其他语言作为家中常用语言的居住人口分别占0.5%及 1.1%。1996 年澳门居住人口为 414 128 人，3 岁及 3 岁以上的居住人口中，87.1%的人以广州话为家中常用语言，而普通话及其他中国方言分别占 1.2%及 7.8%；以葡语为家中常用语言的居住人口占 1.8%；以英语及其他语言作为家中常用语言的居住人口分别占 0.8%及 1.3%。[②] 程祥徽指出：“葡语长期以来只在政府部门、葡国人家庭和葡语社交圈子通行。20 世纪 80 年代以前，由于政府公务员薪酬不高，加入政府的华人有限，葡语没有多少实际用途；80 年代开始，政府大幅提高薪酬，吸引许多华人加入公务员队伍。一些在内地受过葡语高等教育的人涌来澳门，单凭葡语能力

---

① 张桂菊：《澳门语言状况与语言政策》，《语言文字应用》2010 年第 3 期，第 44 页。

② 张桂菊：《澳门语言状况与语言政策》，《语言文字应用》2010 年第 3 期，第 44-46 页。

即可进入政府部门，个别人还得到了高官厚禄；本地学过葡语的青年也有机会进入政府部门担当一定职位，于是个别有志者便到葡国苦学一年半载，希望提高葡语水平后能有更好的发展。曾有一位立法会议员说澳葡政府的人事政策是‘任人惟语（葡萄牙语）’，在澳门，回归前的葡语是一种可用来谋生的语言、通向仕途的语言。”①

澳葡政府也不太重视葡萄牙语在澳门地区的推广。一位澳门土生葡萄牙人曾经就此吐露心声：“据传媒报道，有一个老土生葡人接受香港一家电视台的记者访问时说，‘不在澳门的中文学校开办葡文课，我称为不幸；不在澳门的葡文学校开办中文课，我认为是我们政府的愚蠢。’看来，不幸与愚蠢的结果催生了‘双语通则’。这位老土生葡人已经道出了回归前澳门人希望拥有使用中葡双语自由的心愿——符合当今社会语言生活从单语制走向双语制的大潮流。这是确定葡文在澳门特别行政区地位的社会基础。看来，那种认为澳门只能实行单语制的看法，既不符合澳门的民心，也不切合澳门的语言实际，更有违社会语言生活从单语制走向双语制或多语制这一世界语言大趋势。”②

葡萄牙语还衍生出一种相关的方言类语言——澳门土生葡语。澳门土生葡语，简称澳门土语，是一种由葡文、马来语、粤语、英文、古葡文以及少许荷兰文、西班牙文和意大利文混合而成的澳门方言，葡文叫“巴度亚”（Patuá），曾是澳门土生葡萄牙人常用的一种语言。澳门土语的基本词汇以葡萄牙语为基础，并加入来自马来语、僧伽罗语、粤语的词语。澳门土语在过去一直是澳门葡人社区的共同语。2009 年，联合国教科文组织把澳门土语（Patuá）列为“垂危语言”，即将濒临“灭绝”。目前该语言已几乎绝迹。澳门最后一位以澳门土

① 程祥徽：《澳门社会的语言生活》，《语文研究》2002 年第 1 期，第 23 页。

② 陈恩泉：《澳门回归后葡文的地位与语言架构》，《学术研究》2005 年第 12 期，第 95 页。

语进行创作的土生葡萄牙人作家是若瑟·山度士·飞利拉。澳门土语有 10 个以上不同的名称：patois（帕萄亚语）、patuá（帕萄亚语）、patoá（帕萄亚语）、papêa（话语）、papiá（话语）、língu cristám（基督徒的语言）、língual de Macau（澳门语）、dialecto macaease（澳门的方言）、macaísta（澳门土生葡语）、crioulo de Macau（澳门的克里奥尔语）以及 língu maquista（澳门土生葡语）。其中 língual de Macau、dialecto macaease、macaísta、crioulo de Macau 是比较正规的名称。我们留意到这 10 多个名称没有一个含有“Portuguese”，葡萄牙人不承认这种语言是葡萄牙语，甚至连“葡萄牙语方言”的身份也不具备。澳门土语还被称为 Papia Cristam di Macau（澳门基督徒的语言），诗人们也把澳门土语称为 Dóci Língu di Macau（澳门甜蜜之语）、Doci Papiaçam（甜美的语言）。[①] 程祥徽指出：“此外，澳门有一种十分特别的克里奥尔语——土生葡语，又称澳门语（língual de Macau）、澳门的方言（dialecto macaease）、帕萄亚语（patois）

① 澳门土语产生于 16 世纪中期，即澳门逐渐被葡萄牙占领，并成为葡萄牙在东亚的大型海洋、贸易、宗教活动中心时。最初，澳门土语主要是葡萄牙殖民者之间的用语。葡萄牙人往往娶马六甲和斯里兰卡的女人为妻，因此澳门土语最初受到了马来语和僧伽罗语的影响。17 世纪，由于荷兰在东印度群岛扩张，以及日本驱逐葡萄牙的传教士出境，在亚洲其他殖民地特别是马六甲、印度尼西亚、斯里兰卡的葡萄牙人涌入澳门，澳门土语再次受到了影响。与其他任何语言一样，几个世纪以来，随着澳门人口和文化的碰撞，澳门土语在用法、语法、句法、词汇方面经历了巨大的变化。一些语言学家发现“旧”澳门土语（截至 19 世纪初）与“现代”澳门土语的区别非常明显。“现代”澳门土语受粤语的影响很大。“现代”澳门土语起源于 19 世纪后期，即土生葡萄牙男人开始与澳门以及珠三角的中国女人通婚。此外，澳门土语还从印度、西班牙以及其他欧洲和亚洲语言中吸收了一些元素。回归前，澳葡政府推行“斯文”的葡语，强行消灭澳门土语，尤其是从 1977 年开始，澳葡政府决心“铲除”这种非正统的葡语，澳门土语便日趋衰亡。现在，香港、澳门两地只剩下几十人还会这种语言。据 88 岁的 Dona Aida 回忆，她的 Patuá 是从母亲那里学来的，她虽然会说，但平时交际并不使用，因为没人听得懂。她说：“而家冇人讲 Patuá，后生仔唔讲，剩得我们这些‘老蚊婆’讲。（现在没有人讲澳门土语，年轻人不讲，只剩下我们这些老太婆讲。）”葡萄牙国学者巴塔亚也有这样的描述：“有些我们访问的八九十岁的老妪告诉我们，她们的祖母才会说土生葡语（土语），她们已经不懂说了。可是这些老妪的说话方式与她们子女的也不一样，也即是说，与四五十岁的一辈说的不同。事实上，这些老妪说的话，从葡萄牙来的人完全会听不懂，而中年的一辈虽然开始时要用心一点，但初次接触亦能明白。”胡慧明的田野调查也得出相同的结论：“笔者曾经询问过多名土生葡人，他们都异口同声表示，帕萄亚语就是‘从前的’澳门土生葡人所说的葡萄牙语，到了他们这一代，已没有多少人会说，也没有多少人听得懂了。”

等。这种混合语吸取了多种语言词汇和语法格式，其中以马来语和汉语的成分居多，也有日语、果亚语、英语、菲律宾语、印度葡语、印度英语、法语、荷兰语、意大利语等语言的成分。这种克里奥尔语的语法结构是混杂的，例如汉语粤方言的词根加葡语的后缀：阿妹＝amuirona，阿婆＝aporona（rona 是葡语阴性名词的后缀）。这种土生葡语现在濒临绝迹，只在个别话剧脚本和个别人士口中残存。”①

第二节　中文地位官方化

在葡萄牙语一语独尊时，随着澳门回归脚步的临近，回归过程中的一个重要问题被提上了议事日程——中文的官方地位问题。1987 年 4 月 13 日，中葡两国政府正式签署《中华人民共和国政府和葡萄牙共和国政府关于澳门问题的联合声明》（以下简称《中葡联合声明》），且《中葡联合声明》于 1988 年 1 月 15 日生效。自此，澳门进入政权交接的过渡期。从 1993 年 3 月 31 日澳门基本法颁布，至 1999 年 12 月20 日中国政府对澳门恢复行使主权这段过渡期里，需要解决的问题很多，其中，公务员本地化、法律本地化和中文合法化是最重要的，被称为过渡期“三化”问题，也称“三大问题”。中文合法化问题后来改为正式的说法——“中文的官方地位”问题。落实中葡联合声明，与澳门基本法的规定相衔接，妥善地解决中文官方地位的问题，成为实现澳门平稳过渡、政权顺利交接及回归后澳门特别行政区政府正常运行的一个关键。

---

① 程祥徽：《澳门社会的语言生活》，《语文研究》2002 年第 1 期，第 22-23 页。

一、问题的提出

中文的官方地位问题是一个历史问题。郭济修指出："在鸦片战争后，葡萄牙逐步占领了整个澳门，在澳门实行殖民管治，葡萄牙文成为澳门唯一的官方语言，澳葡政府的行政和法律条文等都是使用葡萄牙文，占澳门人口97%的华人居民使用的中文没有法律地位。"①

大量华人因不懂葡萄牙语，而觉得生活非常不方便，因此，在20世纪80年代，就提出了中文地位官方化的问题。"由于当时澳葡政府行政和法律等方面的文件都使用葡萄牙文，给绝大多数不懂得葡萄牙文的澳门华人居民带来很大的不便和麻烦，因此，澳门华人居民很早就提出中文合法化的要求。在1974年葡萄牙发生'四·二五'革命后，澳门的四个华人工商团体就向当时作为葡国新政府代表来澳门巡视的军官江沙维和李安道提出意见，希望能够简化手续，实行中文合法化，所有文件及表格都同时要有中文和葡文。不久后，在会晤来澳访问的葡萄牙地区协调部部长山度士时，工商界人士提出了12项问题，要求澳葡政府设法改善，其中一个问题就是要求澳葡政府所发的文件要加上中文，并逐步推行中文合法化。"②

澳门学术界为推动中文官方化，亦做出了很多努力。"对于争取和推动中文官方地位的落实，民间方面也作了很大的努力，澳门社会科学学会和澳门语言学会等学术团体，以及澳门和内地的专家学者不

---

① 郭济修：《澳门的中文回归之路：兼读〈中文变迁在澳门〉》，载程祥徽主编《澳门人文社会科学研究文选：语言翻译卷》，澳门基金会，2008，第716页。

② 郭济修：《澳门的中文回归之路：兼读〈中文变迁在澳门〉》，载程祥徽主编《澳门人文社会科学研究文选：语言翻译卷》，澳门基金会，2008，第716-717页。

遗余力地从理论方面和实践方面不断进行探讨。作为语言学家，程祥徽教授是其中的一个主要推动者。他组织了多次有关推动中文官方地位落实的研讨会，还发表了不少有关的论文和著述。他撰写的由香港三联书店出版的《中文变迁在澳门》，把澳门的中文官方地位的发展过程归纳为舆论争取期、中葡政府谈判定案期和中文官方地位落实期三个时期，根据他参与争取和实行中文官方地位的经历，辑录了他有关这方面的部分论文，‘以当事人的身份为历史作证’（代前言），提供了一个澳门中文官方地位进程的轮廓。程祥徽教授在书中通过一系列论文，探讨中文成为澳门官方语言的理论和实践，反映中文在澳门的变迁历程。其中，他写于 1991 年 9 月的《中文官方地位的提出与实现》一文，至今还有现实意义。他在该文中论述了澳门基本法是中文成为官方语言的立论依据，指出处理澳门的语言问题，制定本地区的语文政策，都必须看到澳门特别行政区与中央之间具有‘同’与‘异’两种关系：既不可以不加区别地与内地趋同，也不可强调特殊性而与内地相异。只有对问题作实际的探讨，才能制定出正确的政策措施。他同时论述，官方语言是政府、法庭和公务上使用的语言，具有官方地位的中文是中国的国语即普通话，应解开方言与共同语缠绕在一起的情结，推广普通话有利于中文官方地位的实现，应设立本地区的标准中文工作委员会，方块汉字的使用可以‘繁简由之’。据学者阮邦球研究：澳门学前教育学生所接受的教学语言，中文占绝大多数。自 1996 年到 2000 年接受葡文和英文为教育语言的学生比例持续下降；由 2001 年到 2003 年，接受葡文和英文教育的学生所占比例有所回升；自 2001 学年起，英文教育的占有率超越葡文教育晋升为第二位。他认为：‘澳门回归后，中文官方地位的提升和社会对母语教育的重视，以及赌权开放后的国际化，均对教学语言比例的改变提供了客观条件，因此，值得进一步探讨社会政治环境与教育政策的关系。'"[1]

二、中文官方合法地位的取得

澳葡政府开始采取措施，推动解决中文合法化问题。澳门华人要求中文合法化的呼声一直没有停过，到了 1985 年 6 月 17 日，澳葡政府成立了中文推广委员会。不过，中文推广委员会只成立不足一年。该委员会在 1986 年 4 月 30 日的最终报告书中表示，该委员会成立的目的是对中文被承认与葡文具有同一地位进行研究，因此，该委员会的职责并非推广中文或使中文合法化，而是进行必要的研究及提出建议，以便引导政府机关及其人员更多地使用中文及使中文被承认与葡文具有同一地位。该委员会在报告中向政府建议，在短中期内，中文应与葡文具有同一地位；在中长期内，中葡两种语言应在公务员各个层面同步发展。1989 年 12 月 10 日，当时的澳门总督"鉴于澳门地区大部分居民使用中文，又鉴于应在过渡期内逐渐提高中文的地位"，颁布了第 11/89/M 号法令，规定在行政、立法、司法部门中，必须致力于提高中文的地位。具体措施方面，规定以后所有的法律、法令、训令和批示，必须连同中文译本颁布；居民与公务员沟通，得使用葡文或中文；政府的文件和表格，必须同时具有中文、葡文。

《中葡联合声明》规定："澳门特别行政区政府机关、立法机关和法院，除使用中文外，还可使用葡文。"这一规定确定了中文与葡文在澳门回归后成为官方语言的合法地位。

---

① 郭济修：《澳门的中文回归之路：兼读〈中文变迁在澳门〉》，载程祥徽主编《澳门人文社会科学研究文选：语言翻译卷》，澳门基金会，2008，第 716-717 页。

1991年2月22日，中国外交部部长钱其琛访问葡萄牙，就落实《中葡联合声明》中“澳门特别行政区政府机关、立法机关和法院，除使用中文外，还可使用葡文”的规定，与葡萄牙外长达成协议，中文从即日起成为澳门官方语言。1991年12月31日，葡萄牙政府颁布了第455/91号法令，正式宣布中文具有官方地位，并与葡语具有同等法律效力。虽然澳葡政府也在1991年底公布法令，正式宣布中文成为澳门官方语言，并公布了一些措施，但实际上在落实方面却非常缓慢。

三、澳门基本法与中文地位问题

虽然中文被确立为官方语言，但中文地位仍然有模糊之处，引起了澳门社会的争论。

由于澳葡政府对于语言问题采取模糊的政策，因此，澳门的官方语言问题和中文与葡文的地位问题等引起了民间的争论。1999年7月2日第八届全国人大常委会第二次会议关于澳门基本法的葡文本作为正式语文的决定指出：“葡文本中的用语的含义如果有与中文本有出入的，以中文本为准。”一般来说，除非法律文本中特别声明，否则，都推定多语言文本具有同等的效力。全国人大常委会对于澳门基本法葡文本做出这样的声明，是由于澳门基本法是中国全国人大制定及通过的，是中国的法律，并不是以中葡双语立法，当然要以中国的国语——中文为准。而澳门基本法的葡文本是由全国人大法律委员会审定的，虽然撰写也很严谨，但显然不能与中文本具有同等地位。澳门特别行政区的行政机关、立法机关和司法机关，按照澳门基本法的规定，除使用中文外，还可以使用葡文，葡文也是正式语文。行政法务司司长陈丽敏在2005年8月26日回答区锦新议员的质询时说：

“第 101/99/M 号法令具体规范了正式语文的使用，而《刑事诉讼法典》及《民事诉讼法典》对诉讼行为使用的官方语言亦有规定。”这是官方首次正式对澳门特别行政区语文问题（包括“正式语文”和“官方语言”）的表态。

相关法律对此问题有明确的规定。第 101/99/M 号法令第一条（正式语文）是这样规定的：“一、中文及葡文均为澳门正式语文。二、两种正式语文具同等尊严，且均为表达任何法律行为之有效工具。三、以上两款之规定并不妨碍每一个人选择本身语文之自由，在个人与家庭范围内使用该语文之权利，以及学习与教授该语文之权利。四、行政当局应促进正式语文之教授及正确使用。”该法令虽然是澳葡政府时期制定的，但由于没有抵触澳门基本法，因而过渡成为澳门特别行政区的法律。陈丽敏司长的答复明确地指出中文及葡文均为澳门正式语文，而且具有同等尊严及法律效力。

澳门基本法第九条规定：“澳门特别行政区的行政机关、立法机关和司法机关，除使用中文外，还可使用葡文，葡文也是正式语文。”

第三节　确保中文官方地位

虽然经过努力，中文被确立为官方语言，但中文要真正成为官方语言，还需要经过更多努力。程祥徽指出：“回顾历史，1992 年以前澳葡政府执行的是单一的以葡语为官方语文的政策。1992 年中葡两国政府确定中文在澳门也是官方语文以后，澳葡政府改行一条中葡两种语文都是官方语文的政策。这个政策表面看来公平至极、无可厚非，但在实施过程中却由单方面代表葡语利益的澳葡政府操纵，结果使葡语势力进一步加强。在当时，葡语早已成为强势的官方语文，中文作为官方语文才刚刚起步。如果想使中文真正具备官方语文的资格，那就应该让中文急起直追，迅速追赶葡语的地位。葡文在官方语文的轨道上提前跑了100多年，法律都是用葡文制定的，行政运作也都是用葡语进行，澳葡政府让两种官方语言站在不平等的起点同时起步，哪有公平可言？直到回归前的最后日子，法律仍然用葡文制定，法庭依然用葡语审案，翻译成中文的法律条款还是不知说了些什么，澳葡政府的行政运作还是非葡语不能通行，澳葡政府任命官员丝毫没有改变对葡语的要求。中文呢？仍然被关在法律的制定和司法机关的门外。当时的澳葡政府为中文开了一扇窄门，但世世代代使用中文的市民无法从门中进出。”①

首先，改善澳门存在的中文不规范、充斥着葡式中文的现象。郭济修指出：“澳门华人为中文合法化进行了几十年的努力，现在澳门已经回归了，中文已经成为澳门的官方语言，然而，这并不等于中文地位会自然而然地提高，还需要澳门特别行政区政府和各界人士的努力才能提高。可惜的是，事实上，澳门华人居民长期争取的中文官方地位并没有很好地得到提高。澳门特别行政区政府文件中的中文不规范、充斥着葡式中文的现象，经常受到居民和学者的批评；立法方面也还不能全面做到中葡双语立法，只有一部分法律和法规是用中文起草的；尤其是司法方面，很长时间，一些以中文为母语的居民投诉不能得到中文的法院判词或通知之类的文件。以前澳葡政府对于中文不重视，而且缺乏中文方面的人才，所以政府文件中充斥着不规范的葡式中文。现在澳门回归祖国已经20年了，还是继续让不规范的中文充斥行政、立法和司法的文件，这实在不值得原谅了。虽然澳门实行

① 程祥徽：《澳门社会的语言生活》，《语文研究》2002年第1期，第25-26页。

‘一国两制’，但澳门基本法已明确规定澳门特别行政区的行政机关、立法机关和司法机关要使用中文，也就是说，使用正式语文——中文是‘一国’的大事，正确使用中文是落实澳门基本法、依法施政所必需的，也是社会的需要、市民的诉求。‘除使用中文外，还可使用葡文，葡文也是正式语文’，就是‘两制’的体现。澳门特别行政区政府文件中的中文不规范的情况继续存在，主要是因为特别行政区政府不重视，至今还没有制定清晰的、具体的语文政策和规划。《中华人民共和国国家通用语言文字法》把使用规范的语言文字提到很高的地位，认为推动国家通用语言文字的规范化、标准化及其健康发展，可以使国家通用语言文字在社会生活中更好地发挥作用，促进各民族、各地区经济文化交流（第一条）；国家通用语言文字的使用应当有利于维护国家主权和民族尊严，有利于国家统一和民族团结，有利于社会主义物质文明建设和精神文明建设（第五条）；规定国家机关以普通话和规范汉字为公务用语用字（第九条）。澳门特别行政区政府也应该把正确使用中文，提高到作为落实澳门基本法、维护国家主权和民族尊严的高度。”①

其次，加强澳门公务员中文（普通话）的培训，特别是要根据澳门实际来开展公务员普通话的培训工作。陈恩泉认为：“学习普通话的热潮正在不断地升温。1986 年开始的公务员普通话培训，开始每年只有 10 多个普通话班次，到 1993 年发展到每年有 100 多个班次。据有关统计，到目前为止，已接受普通话培训的公务员达 1 万人次以上。澳门理工学院盛炎教授是第三次普通话学习热潮的亲身参加者和见证人。他认为，第三次普通话学习热潮无论在广度上还是深度上都

---

① 郭济修：《澳门的中文回归之路：兼读〈中文变迁在澳门〉》，载程祥徽主编《澳门人文社会科学研究文选：语言翻译卷》，澳门基金会，2008，第 722-723 页。

远远超过了以往两次。不仅公务员普通话培训发展很快，还初步建立了一个比较实用的公务员普通话培训体系。我们相信，随着澳门的回归，普通话学习热潮的持续，局限于公务员的普通话培训会扩展到旅游、商贸、教育等领域，不断提高普通话在澳门特别行政区的社会功能地位，逐渐在汉语内部形成以普通话为主、粤方言为次的双语言制架构。总体来说，中葡双语制和普方双语言制语言架构，应该是澳门'三文四语制'语言架构及其发展路向的基础。"①

就如何开展澳门公务员普通话学习，盛炎指出：澳门公务员普通话训练是一种特殊的语言教育，有着自身的特点和性质：①它是一种业余语言教育，不是一种专业语言教育。公务员的主要时间用于工作，学习的时间相对较少，工作冲击学习的事情经常发生。②它是一种成人教育，不是一种儿童教育。公务员的思维成熟，只是语言有问题。③教育类型多样化，但有一个共同的要求是要结合工作，解决工作中迫切需要解决的中文问题。要做好公务员的普通话培训工作，必须抓好以下基本建设：①修订《澳门公务员汉语（普通话）水平等级标准》，以此作为教学总体设计、制订教学大纲、编写教材以及课堂教学和测试的依据。这类标准至少可以分为两种：一种是把汉语普通话作为外语或第二语言的等级标准，用来衡量学员的汉语普通话作为外语或第二语言的听、说、读、写、译能力。另一种是把汉语普通话作为母语的等级标准，用来衡量汉语普通话作为母语的听、说能力。②根据不同的教学对象的需要，编写不同的系列教材，教材的分组要跟等级标准一致。教材分两种：一种是土生葡人使用的普通话系列教材，另一种是中国人使用的普通话教材。②

---

① 陈恩泉：《澳门回归后葡文的地位与语言架构》，《学术研究》2005 年第 12 期，第 98 页。

② 盛炎：《澳门语言的历史、现状、发展趋势与未来的语言政策》，澳门理工学院，2004，第 39-40 页。

第四章　澳门与葡语国家交流平台建设

葡萄牙人入居澳门 400 余年来，澳门的语言经历了从中文（汉语）到葡萄牙语，再到中文的过程。自 1999 年 12 月 20 日澳门回归至今，已经过去了 20 年。回首过去的 20 年，澳门在语言教学方面取得了哪些成就，又有哪些需要改进甚至是革新之处？葡萄牙语在新时期如何为澳门建设葡语国家交流平台服务？这些都是值得我们进一步思考和探索的问题。

第一节　澳门语言教学中尚需解决的问题

澳门回归之后，虽然澳门基本法规定了中文的官方地位，但要确保中文的官方地位得以实现，仍需要各方面付出努力。

一、有碍中文地位官方化的原因

有碍中文地位官方化的原因主要有：

①“双语政策”所造成的“双语人”。程祥徽指出：“澳门回归祖国后，在语文领域要做的事是检讨澳葡政府推行的所谓‘双语政策’，清除澳葡政府的‘双语政策’造成的负面影响，迅速把官方语文的走向引上正确的轨道。语文问题实在是一个牵一发动全身的问题，不能不尽快解决。澳门特别行政区政府动用大量的政府公帑送公务员到北京学普通话，同时送公务员赴里斯本学葡萄牙语。澳门特别行政区政府悄悄地将‘双语政策’的概念偷换为‘双语人政策’，规定加入公务员队伍的资格是必须略备中葡两种语言能力。推行这一政策的结果，是在澳门特别行政区政府部门和公众机构造就了几乎数之不尽的既能说几句葡语又会来几句普通话的所谓‘双语人’。还有人提出‘双语化’的口号。‘双语化’者，当然是要把双语‘化’入社会生活的一切方面，至少要‘化’入政府行政运作的领域、立法和司法的领域。为了与这种语文政策相适应，各类学校都得进行‘双语教育’。然而这样做有什么必要呢？环顾周围的世界，双语或多语的城市或国家多得很，难道那里的公务员都必须具备双语或多语能力？澳门特别行政区政府推行的‘双语政策’把市民的视线和精力引向学习和掌握两种语言上面，以便谋取一份公职，却并不关心中文官方地位的真正实现。”[①]

②澳门法律葡文化有碍中文地位官方化。阎喜指出：“另一方面，由于澳门立法和司法部门仍然受到葡萄牙语的影响，影响中文在澳门

---

① 程祥徽：《澳门社会的语言生活》，《语文研究》2002 年第 1 期，第 26 页。

的官方地位。《澳门特别行政区第二个十年发展路向选择大型民意调查报告》对澳门1000多人的电话问卷调查显示，在问到‘请问您认为未来十年澳门立法会有哪些方面需要改进’时，32.71%的人认为应该多用中文立法；在问到‘在未来十年，请问您对司法机关（包括检察院及法院）的最大期望是什么’时，48.40%的人认为应该推动和落实法院在审判时使用中文；在问到‘请问您认为下一届政府领导上任以后最需要优先处理哪些事情’时，35.90%的人认为应该推进法律改革，继续落实中文正式语文地位。这表明澳门特别行政区政府需要加强双语立法和司法，以保证中文的官方地位。”①

二、澳门特别行政区政府需要大力培养语言人才

澳门回归之后，随着澳门社会经济的不断发展，澳门所面临的语言问题日趋复杂，澳门特别行政区政府需要投入资源，大力培养未来发展所需的语言人才。

程祥徽曾指出：“直到回归后将近两年的今天，澳门特别行政区政府的中文公文仍然像是葡萄牙语的译文。笔者曾经反复呼吁，双语有‘社会双语’与‘个人双语’之分，澳门特别行政区政府应当执行社会双语政策而不是个人双语政策。所谓社会双语，是指一个社会存在着两种官方语言，例如加拿大。社会双语政策的核心是承认两种官方语文具有同等地位。个人双语是指个人掌握了两种官方语言，个人双语也就是‘双语人’。执行社会双语政策是全社会的事，单语人、双语人都有权参与。双语人固然可以推行社会双语政策，单语人同样

① 阎喜：《澳门回归前后居民语言使用与多语能力研究》，《“一国两制”研究》2012年第3期，第153页。

可以推行社会双语政策。针对澳门的实际情况，既需要大量粗通中葡两种语言的人，更需要精通两种语言的人。确切地说，澳门特别行政区需要的是语文能力达到草拟法律文件水平的人才，同时需要高级的中葡、中英翻译精英。澳门特别行政区政府要切实做好语文人才的培训工作，迅速建立起一支高水平的语文队伍和翻译队伍。”[①]

目前，澳门特别行政区政府在澳门教青局设立了“语言推广中心”，促进澳门解决语言问题。语言推广中心属教青局下辖机构之一，具有推动、协调及执行语言教学活动的职能。中心自成立以来，致力于推广本地区的语言教育工作，尤其是普通话和葡语两种语言。在课程方面，目前中心除定期开办成人普通话课程外，还会应私立学校的要求，委派葡语教师到各中学教育机构负责葡语课程的教学工作。此外，为提高教学质量，中心会不断吸收实际教学经验、检讨及修订有关课程大纲、编制适合的教材等，亦会通过举办交流会及培训课程来提高教师的专业能力。为配合教学，中心还会举办一些公开性的文化活动、游艺会、参观及制作电台节目等，使市民能通过其他渠道学习语言及其相关文化，以促进语言教育的发展。位于教青局1楼的阅览室，拥有各类语言、文化、心理辅导、教育等方面的书籍及报刊和相关的录音带、录像带及多媒体光盘。室内设有12台计算机免费提供给市民上网浏览各类信息。除此之外，阅览室内还开辟了一个文化角，阅读人士可以在此感受到中葡两种不同的文化互相交融所产生的特有的和谐气氛。位于3楼的语言推广中心内，有一个可容纳100人的多功能室（贾梅士室），室内设有各种多媒体教学器材，可举办各种中小型的短期培训课程、讲座及研讨会等活动。

---

① 程祥徽：《澳门社会的语言生活》，《语文研究》2002年第1期，第26页。

三、通过语言教学培养爱国情怀

通过语言教学，特别是中文教学活动，培育澳门居民的爱国情怀。教育是育人之本。语言教学，是教育的重要组成部分，在实施“一国两制”之时，必须抓紧对语言教学的控制。

第二节　澳门在葡萄牙语国家交流平台中的地位与角色

澳门回归后，葡萄牙语仍然是其官方语言之一。在语言方面，随着 1991 年中文在澳门官方地位的确立，中文在澳门具有了同葡文同等的法律地位。澳门基本法第九条明确规定，“澳门特别行政区的行政机关、立法机关和司法机关，除使用中文外，还可使用葡文，葡文也是正式语文”，进一步确定了中文和葡文在澳门的官方地位。

一、澳门回归后葡萄牙语在澳门的社会地位

中葡两种官方语言在澳门刚回归祖国时的过渡期不能平等相处的窘境有了较大的改观，“独尊葡语”成为历史。澳门回归前，1991 年及 1996 年以葡语为家中常用语言的人数，均占当时人口的 1.8%；澳门回归后，葡语的使用人口明显下降，2001 年及 2006 年分别降至 0.7%和 0.6%。回归前的葡语作为唯一的官方语言在行政、立法、司法部门的独特地位，使其处于强势的政治地位，成为人们谋生的一种工具。

由于葡萄牙语长期以来并没有在澳门得到普及，其语言的社会功能并不健全，回归后的葡文更无力涵盖澳门多元化语言社区的全部范围。而其原因，据阎喜研究指出："葡萄牙语在澳门人口日常生活常用语言中所占的比例一直较低。究其原因，一方面，这与葡萄牙在澳门的殖民方式和殖民政策有关。Shan 和 Ieong 认为澳葡政府一直将澳门华人视为外国人，并没有考虑负责澳门华人的教育问题（包括葡萄牙语教育），所以澳葡政府在殖民时期并没有向澳门华人强制推行葡萄牙语。长期以来，澳门华人都是在私立学校和教会学校接受教育，而这种教育通常以中文为授课语言。另一方面，这与葡萄牙语的国际地位有关，与英语相比，葡萄牙语在国际政治、经济和文化领域的使用范围有限，这也使得很多澳门华人倾向于让子女学习英语而不是葡萄牙语。但是我们也注意到，能说葡萄牙语的人比日常生活使用葡萄牙语的人多，这可能是由于葡萄牙语仍然是澳门特别行政区的正式语文，有很多人希望通过学习葡萄牙语进入澳门特别行政区政府部门工作。此外，有很多来澳工作或者学习的外国人士除了自己的母语外，也都会说葡萄牙语。"①

再者，澳门华人占总人口的近 96%，加上讲粤语的土生葡萄牙人，葡萄牙语在社会语言功能方面必然处于弱势地位，而讲葡萄牙语人数的急剧下降则是"政治力量的对比发生了巨变的结果"的真实写照。

澳门回归后，使用葡萄牙语的人数虽然有明显下降，但是报读非主流学校葡萄牙语培训的人数不但没有减少反而有所增加。1999—2007 年，参加葡萄牙语培训的人数为 23 558 人次，参加中文（普通

---

① 阎喜：《澳门回归前后居民语言使用与多语能力研究》，《"一国两制"研究》2012 年第 3 期，第 152 页。

话及粤语）培训的人数为 22 500 人次。从整体上看，参加葡萄牙语培训的人数更多，特别是从 2003—2004 年开始，参加葡萄牙语培训的人数明显增长。这种现象说明澳门特别行政区政府需要精通葡萄牙语的公务人员，社会个体看到了学习葡萄牙语对提升经济和社会地位的作用，澳门特别行政区政府隐性的语言政策——将葡萄牙语作为连接葡语国家的媒介——起到了一定的作用。葡萄牙语作为语言媒介可以为中国和欧盟及其他拉丁语系国家的经济、贸易、科技和文化交流搭建平台。[①]

澳门回归之后，葡萄牙语作为澳葡政府殖民统治工具的色彩已经褪却，成为重要的文化交流工具，故近年来，澳门学习葡萄牙语的人数反而比澳葡政府管治时上升了。

二、加强葡萄牙语教学，促进葡萄牙语人才的培养

在培养语言人才的过程中，对于葡萄牙语人才需要加大培养力度。梁淑雯指出，澳门经过了四百多年葡萄牙人的管治，而且在《中葡联合声明》签署之前，葡语更是澳门唯一的官方语言。但是，在回归之前，澳门虽然掺杂了葡人葡语、葡风葡俗的文化成分，但一般华人市民与葡人的接触并不太多，加上澳葡政府并没有大力推广葡语，只有很少部分的葡人，尤其是担任政府高层官员的葡人，才会以葡语作为交际用语。葡文当时虽然在行政、立法及司法层面均占据了主导地位，但其社会功能地位一直处于弱势。……另外，葡语在世界范围内并不是国际通用语，地位无法与英语、法语及德语这些强势的欧洲语言相提并论。这些现实情况导致大家普遍对葡语的前景没有太大的

---

① 张桂菊：《澳门语言状况与语言政策》，《语言文字应用》2010 年第 3 期，第 47-48 页。

信心，但其实，从澳门本土及国家层面来看，澳门是一块培养中葡双语人才的宝地，葡语非但不会淡出，其重要性反而会因为需求的增多而不断提高。从澳门本土情况来看，关于葡语的讨论主要集中于其在澳门回归后仍然占据行政、立法和司法范畴中主导地位的问题。由于历史的原因，葡语仍然是许多官方及法律文件的语言，……换句话说，葡语的发展也关系着澳门特别行政区法制的完善和发展，其地位并不见得会淡化。从国家发展策略来看，中央政府近年来积极加强与非洲国家以及“金砖四国”中其他三国的外交关系，葡语仍然是非洲重要的通用语之一，也是“金砖四国”之一巴西的第一语言，由此可见葡语在国家外交层面的重要性已日渐提高。近年来，国家积极建立与葡语国家的联系，2003 年，中国与葡语国家经济与贸易论坛创建，其常设秘书处设在澳门特别行政区，澳门特别行政区因此肩负起中国与葡语国家之间的桥梁重任。中葡双语人才的培养不单是为了满足本地需要，更是为整个国家服务。其实，早在澳葡时代，当时的澳门南光公司就已经为中国内地培养出最早几批葡语人才，当中更包括中国的第一批葡语外交官。澳门回归祖国后，在“一国两制”的优势下，中文、葡文均为正式语文，澳门特别行政区成为唯一一处有条件为国家培养中葡语言人才的基地，责无旁贷。因此，在国家葡语人才需要增加、葡语专业大发展的前提下，葡语在澳门的发展不但不会走下坡路，反而会变得更重要。①

目前，葡萄牙语教学工作已经取得了一定的进展。阎喜指出：“首先，如何处理中文和葡文的关系。澳门能够使用葡语的人数较少，不利于维持葡文在澳门的正式语文地位，澳门特别行政区政府和教育界仍然需要采取一些措施（包括语言教育政策）来维持葡文在澳门的

① 梁淑雯：《浅谈“一国两制”下澳门的语言发展》，《“一国两制”研究》第 8 期，第 141 页。

官方地位。我们注意到，近年来澳门高等院校组织各种葡语比赛活动，例如‘葡萄牙语诗歌朗诵比赛’‘全澳葡萄牙语演讲比赛’‘全澳大专院校英文及葡文写作比赛’‘澳门理工学院葡语辩论比赛’以及葡萄牙语暑期课程等，都在一定程度上提高了人们学习葡萄牙语的热情，但是如果仅仅在教育领域举办这些活动和比赛，显然是不够的。”①

同样，对待葡萄牙语所衍生的澳门土生葡语，也应该尽保护之责。阎喜指出：“我们主要参照它的分类来分析澳门土生葡语的现状。Fishman按照‘语言的功能’把语言的发展分为八个阶段：第一阶段，这种语言在教育、职业、政府和传媒领域里的高层使用（但是没有政治独立提供的额外安全）。第二阶段，这种语言在政府和大众传媒领域里的低层使用，但是并没有在这两个领域的高层使用。第三阶段，这种语言在工作领域的低层使用（在这种语言社区外），讲这种语言的人和另外一种语言的人之间交流时会用到这种语言。第四阶段，在初等和中等教育里，这种语言符合义务教育法律的规定。第五阶段，在家庭、学校和社区里使用这种语言，但是在社区外并没有对这种语言能力的强制要求。第六阶段，这种语言在两代之间通过口语维持，并有人口和机构支持。第七阶段，大多数使用这种语言的人已经融入本地社会，而且民族语言认同强，但是都已经过了生育年龄。第八阶段，大多数使用这种语言的人都是与社会相对隔绝的老人，这种语言需要从他们口中和记忆里重建，并教给不住在一起的成年人。按照以上分类，澳门土生葡语已经处于Fishman所指的第八阶段，即最后一个阶段，即将消亡。联合国教科文组织在2009年将澳门土

① 阎喜：《澳门回归前后居民语言使用与多语能力研究》，《“一国两制”研究》2012年第3期，第153页。

生葡语列为‘严重濒危’的语言。对于澳门土生葡语的消亡与保护，澳门人有自己的一些看法。我们在 2011 年曾对澳门某高校的大学生对于澳门回归以后的语言规划和语言政策进行问卷调查，其中包括大学生对于保护澳门土生葡语所持的态度。从最终获得的 98 份有效问卷来看，大学生倾向于同意‘澳门特别行政区政府应当采取措施保护澳门土生葡语’，对于‘澳门土生葡人而不是澳门特别行政区政府应该承担保护澳门土生葡语的责任’这一问题，学生们基本上同意。换言之，澳门大学生认为澳门特别行政区政府和澳门土生葡人都应该保护澳门土生葡语。我们注意到，澳门土生葡人一直在采取各种措施保护澳门土生葡语。澳门土生教育协进会于 2006 年 10 月与六个葡人社团签订合作协议，打算把澳门土语申请成为联合国教科文组织非物质文化遗产。此外，澳门土生葡人社团组成多个艺术团体，以便增加澳门人民对澳门土生葡语的了解与认识。例如 20 世纪 90 年代组建的土生土语话剧社在过去的二十多年里积极地上演澳门土生葡语的话剧。澳门著名的土生葡人乐队‘澳门人乐队’在 20 世纪 30 年代组建，经常演唱自己创作的土生葡语歌曲。目前，澳门土生土语话剧社申报的‘澳门土生土语话剧’已经通过文化局澳门博物馆 2011 年度非物质文化遗产项目申报评审，建议列入澳门非物质文化遗产名录。我们看到，澳门特别行政区政府和澳门土生葡人都在采取措施保护土生葡语。不过存在的问题是，这些措施使澳门土生葡语只能在艺术形式（如话剧、歌曲）中出现，而不是在人们的日常生活中使用。如果仅仅是一种表演性的语言，那么澳门土生葡语可能永远只是一种象征性的语言。它与人们的日常生活越来越远，将难以保证澳门土生葡语在澳门的生存与发展。”[①] 由此可见，保护澳门土生葡语这种“严重濒危”的语言，已经成为澳门社会各界的普遍共识，只有政府、社会、团体、民众等各方面共同努力，采取切实有效的办法，才能让澳门土生葡语活起来、在人们的日常生活中重焕生机。

三、新时期中国与葡语国家交流平台的建设

培养一批葡萄牙语人才，可以为促进澳门成为新时期中国与葡语国家交流的平台服务。历史赋予澳门的深厚文化底蕴，使澳门长久以来保持着和葡语国家的紧密联系。澳门在语言、文化、地理位置、制度和政策等方面存在天然优势，具备成为中国与葡语国家文化交流中心的条件[②]。

1. 回归前澳门与葡语国家的联系

回归前，澳门与葡语国家保持着一种超越国界的紧密关系。在澳门回归前的 20 年中，澳葡政府为促进澳门与葡语国家的联系，展开了澳门与葡语国家在文化、社会、教育、环境、旅游等多方面的交流。1985 年，作为国际非营利组织的“葡语国家都市联盟”在葡萄牙里斯本成立，澳门也是该组织的成员之一。该组织在 1997 年以及澳门回归后的 2001 年和 2007 年，在澳门召开了三届成员大会。为加

① 阎喜：《澳门回归前后居民语言使用与多语能力研究》，《“一国两制”研究》2012 年第 3 期，第 154-155 页。

② 葡萄牙语国家，在世界上包括把葡萄牙语定为官方语言的国家，即葡萄牙、巴西、安哥拉、莫桑比克、几内亚比绍、佛得角、圣多美、普林西比和东帝汶；作为通用语言的国家，即西班牙、安道尔、墨西哥、危地马拉、伯利兹、萨尔瓦多、洪都拉斯、尼加拉瓜、哥斯达黎加、巴拿马、古巴、多米尼加共和国、波多黎各、阿根廷、智利、巴拉圭、乌拉圭、玻利维亚、秘鲁、厄瓜多尔、哥伦比亚、委内瑞拉、西撒哈拉、赤道几内亚、菲律宾。此外，葡萄牙语又广泛应用于美国南部，加勒比海诸国；葡萄牙语也是澳门的官方语言之一。

强葡语国家的跨区域合作，1989年巴西总统佛朗哥提议成立葡萄牙语国家共同体（简称“葡语国家共同体”，Comunidade dos Países de Língua Portuguesa，CPLP）。1996年7月17日该共同体正式成立，由葡萄牙、巴西、佛得角、几内亚比绍、莫桑比克、安哥拉、圣多美和普林西比7国组成，总部设于葡萄牙里斯本。随着2002年东帝汶民主共和国的加入，葡语国家共同体国土面积已超过1000多万平方千米，横跨亚、欧、非、拉丁美洲，总人口约2.5亿。2014年7月，赤道几内亚加入葡语国家共同体，成为该组织的第9个成员国。该共同体在相互支持、相互尊重的基础上进行政治协商，促进经济、文教和社会形态等范畴的互动交流。虽然从20世纪六七十年代开始葡语国家大多已与中国建交，但双方在社会、经济、文化方面的交流、合作并不多。而我国澳门因为与葡语国家共同体中的各成员国具有相似的语言（目前葡文与中文都是澳门的官方语言）和文化，所以澳门与各葡语国家间产生了一种超越政府间的外交关系，形成了以文化为纽带、以民间交流为平台的“天然”公共外交关系。因此在澳门回归后，澳门在与各葡语国家的交往中被赋予了更深层次的含义，即澳门结合自身中葡文化交汇点的特点，并充分利用葡语国家共同体这一平台，在增进澳门与葡语国家交往的同时，逐渐将这种交流、合作转化为中国与葡语国家的交流、合作。同时，澳门也借助与葡语国家在经济、社会、文化等方面的固有联系，凭借澳门丰富的葡语人才储备，积极参与一系列交流活动，发挥了澳门作为中葡交流的平台作用，通过政府与民间相结合的方式，将中国与葡语国家紧密联系在一起。目前，澳门已先后与佛得角普拉亚、巴西圣保罗、安哥拉罗安达缔结友好城市关系，以此强化澳门作为中国与葡语国家交流枢纽的功能。[①]

2. 回归后澳门为中国与葡语国家关系的平台所做工作

（1）通过中葡论坛，加深中葡经贸合作。

中国-葡语国家经贸合作论坛（以下简称“中葡论坛”）于2003年10月在澳门创立，由中国中央政府（商务部）发起并主办、澳门特别行政区政府承办，安哥拉、巴西、佛得角、几内亚比绍、莫桑比克、葡萄牙、圣多美和普林西比（于2017年3月正式加入论坛）、东帝汶等8个葡语国家共同参与，是以经贸促进与发展为主题的非政治性政府间多边经贸合作机制，旨在发挥澳门作为中国与葡语国家的经贸平台作用，加强中国与葡语国家之间的经贸交流，促进中国和葡语国家的共同发展。中葡论坛五届部长级会议分别于2003年10月、2006年9月、2010年11月、2013年11月和2016年10月在澳门成功举办。与会国部长签署了5个《经贸合作行动纲领》，确定了政府间合作，贸易，投资与企业间合作，产能合作，农业、林业、渔业和畜牧业领域合作，基础设施建设领域合作，能源、自然资源领域合作，教育与人力资源领域合作，金融领域合作，发展合作、旅游领域合作，运输与通信领域合作，文化、广播影视与体育领域合作，卫生领域合作，海洋领域合作，省市间合作及澳门平台作用等诸多领域的合作内容和目标；并于第五届部长级会议签署了《关于推进产能合作的谅解备忘录》，开启了中国和葡语国家经贸合作新模式。自论坛成立以来，与会国全面落实行动纲领，为进一步提升与会国经贸合作水平做出了积极贡献。

---

① 梁安琪：《澳门：新时期中国与葡语系国家的交流平台》，《公共外交季刊》2010年第3期，第69-71页。

澳门特别行政区政府作为中葡论坛的承办方，不仅提供后勤保障和为在澳门举办的经贸交流及文化促进活动提供支持，还积极邀请各国商界翘楚、商会领袖、国际组织代表，就加强贸易和投资领域的合作交换意见，协助中国与葡语国家的企业家进行商务合作洽谈，为各国企业家创造商机，为中葡经贸合作搭建良好的平台。在积极开展经贸合作的同时，中葡论坛还积极参与为葡语国家官员及技术人员举办各类技术培训活动，如先后在中国内地及澳门特别行政区举办了经济、港口物流、通信、护理、畜禽饲养、杂交水稻种植等专业的技术培训班。

中葡论坛促进了贸易的发展。首届中葡论坛成功举办以来，通过落实《经贸合作行动纲领》，其在促进中国与葡语国家间经贸交往方面的成效越来越明显。不仅双边贸易及投资取得了较大幅度的增长，而且合作层面和范围不断扩展，由贸易投资逐步扩大到农业、渔业、工程及基础设施建设、自然资源开发、人力培训等领域。中葡经贸合作正在不断推进和深化。据统计，2004 年中国与葡语国家贸易额达 182.7 亿美元，比论坛初创时增长 65.7%。2005 年更达到 231.9 亿美元，同比增长 26.9%，首次突破 200 亿美元。同时，中国也在葡语国家加大了投资力度，2005 年中国对葡语国家累计投资额已接近 1 亿美元。尽管受金融海啸影响，2009 年中国与葡语国家双边贸易额有所下降，但 2009 年 1 月至 12 月的双边贸易额还是超过了第二届部长级会议确定的到 2009 年底实现双边贸易额达到 450 亿～500 亿美元的目标。随着经济的复苏，2010 年的 1 月至 5 月，中国与葡语国家进出口商品总值为 328.44 亿美元，同比增长 83%。其中，中国自葡语国家进口 229.27 亿美元，同比增长 93%；对葡语国家出口 99.17 亿美元，同比增长 64%。据中国海关总署统计，2017 年中国与葡语国家进出口商品总值为 1 175.88 亿美元，与 2016 年相比增长 29.4%。

据不完全统计，自中葡论坛创立以来，由中国商务部主办、中葡论坛常设秘书处参与协办了 200 余期各类研修班、研讨会或培训班，共有来自葡语国家的逾 2 100 人次参加了上述活动。2007 年至 2009 年共培训 1 400 多人，提前完成并超过中国-葡语国家第二届部长级会议确定的到 2009 年底培训 900 人的目标。这些活动直接促进了中国与葡语国家之间商界及官方人员的交流，增强了陌生群体的彼此了解，加强信息交流和互通，为展开经贸、文化等领域的合作提供了更为广阔的空间。此外，中葡论坛常设秘书处还通过出版论坛季刊，设立网站刊载中葡国家经贸消息、投资指南及项目信息等，积极借助网络信息沟通平台，为中国企业与葡语国家企业搭建加强联系、拓展商机的桥梁。目前该网络平台的作用越来越显著。[①]

2017 年起，“央企支持澳门中葡平台建设高峰会”开始举办。2019 年 10 月 16 日，由澳门特别行政区政府、国务院国有资产监督管理委员会主办，澳门特别行政区政府经济财政司承办，中央政府驻澳门联络办公室支持的“2019 央企支持澳门中葡平台建设高峰会”（以下简称“央企高峰会”）在澳门举行。中央政府驻澳门联络办公室主任傅自应、副主任姚坚出席央企高峰会开幕式，与澳门特别行政区行政长官崔世安，全国政协副主席何厚铧，国务院国有资产监督管理委员会党委书记、主任郝鹏，外交部驻澳门特派员公署特派员沈蓓莉，佛得角工商业与能源部部长亚历山大·蒙特罗，澳门特别行政区立法会主席高开贤，澳门特别行政区政府经济财政司司长梁维特等共同担任主礼嘉宾。逾 400 名来自中央部委、中央企业、葡语国家企

① 梁安琪：《澳门：新时期中国与葡语系国家的交流平台》，《公共外交季刊》2010 年第 3 期，第 71-72 页。

业、澳门企业和商协会等机构的代表参加此次峰会。

开幕式上，崔世安、郝鹏、傅自应分别致辞，亚历山大·蒙特罗、国家开发银行副行长刘金分别作主题发言。崔世安致辞时表示，随着“一带一路”建设的深入推进和《粤港澳大湾区发展规划纲要》的正式出台，澳门中葡平台的发展定位更加彰显其独特的优势与魅力。澳门正充分发挥中葡论坛多边经贸合作机制的作用，积极落实历届《经贸合作行动纲领》，更好地利用设于澳门的论坛常设秘书处和培训中心，持续促进中国与葡语国家经贸合作、交流。同时，通过中国与葡语国家商贸合作服务平台发展委员会统筹指导，继续积极调动澳门特别行政区经济、文化、旅游、教育等领域的优质资源，在优化和完善税务减免、人才培训等一系列优惠措施的基础上，研究推出更多配套政策，着力增强中葡平台的服务功能，致力推动中国内地、澳门与葡语国家共同发展。

郝鹏致辞时指出，2017 年首届央企高峰会后，中央企业以澳门为支点，全面深化与葡语国家的合作，新增合作项目 51 个、涉及金额 880 亿元，较央企高峰会举办前增加 15%。郝鹏表示，中央企业将充分发挥澳门中葡平台优势，在共建“一带一路”上深化新合作；充分发挥澳门创新优势，在打造粤港澳大湾区科创引擎上深化新合作；充分发挥澳门特色产业优势，在促进澳门经济适度多元发展上深化新合作；充分发挥中央企业优势，在促进澳门长期繁荣稳定上深化新合作。

傅自应致辞时指出，中葡平台是发挥澳门独特优势、深化国际经贸合作的重要桥梁，是中国和葡语国家共建“一带一路”的重要平台，是澳门融入国家发展大局、促进经济适度多元发展的重要抓手。傅自应表示，中央企业是中国与葡语国家经贸合作和中葡平台建设的重要力量，下一步，希望中央企业充分发挥自身优势，投入更多资源；希望澳门企业与中央企业紧密合作，勇于“借船出海”；希望葡语国家营造良好营商环境，为深化国际经贸合作创造更好条件。

会上，来自中国内地、中国澳门地区及葡语国家的企业和机构签署了11份涉及基建、科研及人才培养等多个领域的合作项目。这次央企高峰会主题是“迈进合作新时代　共拓发展新机遇”，开幕式上还分别围绕“央企‘+澳门’携手合作，高质量参与葡语国家和‘一带一路’基础设施建设”“善用澳门特色金融服务，助力央企拓展葡语国家市场”“有机结合澳门特点与央企优势，打造粤港澳大湾区科创引擎”三大议题进行综合讨论，与会者踊跃发表真知灼见。当天下午，峰会主办方还举办了央企与澳门金融界对接交流会。

国务院国有资产监督管理委员会高度重视此次峰会。国务院国有资产监督管理委员会党委书记、主任郝鹏带领30家央企负责人来澳出席活动。2019年10月15日晚，澳门特别行政区行政长官崔世安会见并举行宴会欢迎郝鹏及央企负责人一行。

（2）经贸合作促进文化交流。

澳门回归之前，为加强澳门与葡萄牙之间的文化交流，澳葡政府在葡萄牙首都设立了“里斯本澳门联络处”。2007年易名为“澳门驻里斯本经济贸易办事处”。该办事处在运作上直接隶属于澳门特别行政区行政长官，职责除推动澳葡联系外，还负责在葡萄牙推广澳门特别行政区及内地的社会、经济、文化，促进中葡旅游、贸易和文化交流。作为中国文化传播的使者，该办事处每年都会组织一系列活动，旨在加强中葡之间的公共外交。办事处还通过开设语言教学教室和书店，免费向民众教授葡文和中文，将中华传统文化传播给更多的葡萄牙人。[①]

在提升中国与葡语国家间经贸投资的同时，澳门作为中葡论坛常设秘书处所在地，也在促进中葡文化交流中发挥着举足轻重的作用。历史上，澳门一直是连接东西文明的桥梁。不同的文化在这里相遇，互相影响，和谐共存。虽然澳门一直是中国了解世界的前哨，也一直发挥着文化桥梁的作用，但正式提出把澳门建设成“中葡文化交流中心”却是近几年的事。2016 年，国务院总理李克强在中葡论坛（澳门）第五届部长级会议开幕式上宣布了十八项新举措（2017—2019 年），正式提出要在澳门设立“中国与葡语国家文化交流中心”。同时，中葡论坛（澳门）第五届部长级会议《经贸合作行动纲领（2017—2019）》第十三条明确表示，文化及体育论坛对成员国经贸合作有重要作用，并同意构建论坛成员国间文化及体育交流的合作机制。

澳门特别行政区政府积极响应国家把澳门建设成中葡文化交流中心的规划，举办各种活动增进不同文化的交流，其中比较著名的有“葡韵嘉年华”“澳门国际幻彩大巡游”“中国-葡语国家文化周”和“相约澳门——中葡文化艺术节”。

历史最为悠久的是“葡韵嘉年华”。1998 年，为了庆祝 6 月10 日“葡侨日”，“葡韵嘉年华”在氹仔的龙环葡韵举行。现在，“葡韵嘉年华”吸引了来自世界各地的十多个葡语社群参加，参加者不仅可以品尝美味葡式料理，还可以体验葡萄牙的传统游戏和艺术表演，可谓集吃、喝、玩、乐于一体。在 2008 年第 11 届“葡韵嘉年华”活动中，在澳门特别行政区政府民政总署的大力支持下，活动增加了“中国-葡语国家文化周”的主题，在嘉年华活动中注入了许多中国元素。除

① 梁安琪：《澳门：新时期中国与葡语系国家的交流平台》，《公共外交季刊》2010 年第 3 期，第 75 页。

开展葡国画展、巴西艺术品展览、东帝汶相片展览等展现葡语国家的民族文化特色的活动之外，还特别安排了具有中国特色的歌舞表演、民间杂技以及剪纸示范表演等，向葡语国家展示了中国传统文化，受到了澳门土生葡萄牙人和葡语国家人士的高度关注。

“澳门国际幻彩大巡游”虽然在2011年才首次举办，但已成为澳门的重要文化品牌之一。大巡游邀请不同国家和地区的表演队伍和澳门本地艺术人士一起表演，带领澳门居民和游客在澳门城里巡游，不仅推广了澳门独特的文化内涵，还有利于参与者了解其他文化。

“中国-葡语国家文化周”每年举办一届，得到中葡论坛（澳门）常设秘书处、澳门特别行政区政府文化局、民政总署及旅游局、东方葡萄牙语协会、澳门巴西之家协会等多个机构和组织的大力支持，内容涵盖展览、歌舞、手工艺、戏剧、美食、丝路经济带等多个方面。每届文化周还会邀请内地一个省的文化和艺术界人士参加。

2018年，澳门举办了首届“中葡文化艺术节”，包括五大活动：中国与葡语国家电影展、“汉文文书——东波塔档案中的澳门故事”展览和讲座、中国与葡语国家文艺晚会、“中国与葡语国家文化论坛”以及中国与葡语国家艺术年展。其中的“中国与葡语国家文化论坛”吸引了来自中国内地、中国澳门、中国香港、葡萄牙、巴西、莫桑比克、安哥拉、佛得角、圣多美和普林西比、东帝汶和几内亚比绍等国家和地区的政府官员和专家学者。正如澳门社会文化司司长谭俊荣在开幕式上的致辞所言，“中国与葡语国家文化论坛”的开设，标志着中国与葡语国家文化艺术合作、交流机制的正式确立。

（3）建设世界旅游中心，打造中国与葡语国家商贸合作服务平台。

2017年12月20日，澳门迎来回归祖国18周年纪念日。18年来，在“一国两制”、“澳人治澳”、高度自治方针下，澳门在社会、经济、旅游业、对外经贸合作、多元文化交流等方面都取得了亮眼的成绩。同时，澳门与内地贸易往来日益紧密，双方贸易额快速增长。近年来，“一带一路”倡议和粤港澳大湾区建设框架的提出，为澳门带来了新的发展机遇。目前，澳门正积极探索自身与“一带一路”倡议和粤港澳大湾区建设的契合点，提出建设世界旅游中心，打造中国与葡语国家商贸合作服务平台，建设以中华文化为主流、多元文化共存的交流合作基地，促进经济适度、多元、可持续发展。

谭俊荣在接受《21世纪经济报道》记者采访时表示，澳门特别行政区政府十分关注与国家“十三五”规划对接，参与“一带一路”和粤港澳大湾区城市群的建设。“希望未来澳门与内地的合作从深度到广度上都有所加强，让澳门发挥好平台和窗口的作用，更好融入国家发展大局。”

港珠澳大桥推动粤港澳合作。粤港澳合作促进会副会长、广东省政协委员杨道匡告诉《21世纪经济报道》：“早在2003年，国家商务部就与澳门特区签订了《内地与澳门关于建立更紧密经贸关系的安排》协议，这是澳门与内地合作的重要标志。之后，《泛珠江三角洲区域合作框架协议》和《珠江三角洲地区改革发展规划纲要》在2004年和2008年的分别实施，2011年《粤澳合作框架协议》的签订等，都使澳门与内地的合作进一步加强。”

据杨道匡介绍，中央政府给予澳门特别行政区各方面大力支持，包括给予澳门制造产品零关税进入内地市场、开放内地49个城市居民以“自由行”形式赴澳门旅游、澳门大学在珠海横琴建立校区、在横琴设立粤澳合作产业园以及明确划定澳门管辖水域范围等系列措施，都使澳门在与内地的合作中得到真实的成果：“目前‘一带一路’是一个很好的契机，‘一带一路’背景下的粤港澳大湾区建设为粤澳合作提供更多空间和动力，粤澳合作迎来了新的起点。”

在“一带一路”倡议下，国家赋予澳门一个中心、一个平台，即

“世界旅游休闲中心”和“中国与葡语国家商贸合作服务平台”的定位。杨道匡表示：“这就要求澳门必须和周边广东城市合作，丰富旅游资料，弥补澳门休闲空间不足的短板。粤港澳大湾区的建设从更大范围、更高层次对区域合作进行变革创新和融合升级，粤澳合作被纳入这一大的框架体系内，其活力和潜力被进一步激发，进一步推动中葡、中拉合作，吸引国际高端人才。”

2018 年通车的港珠澳大桥连接香港、澳门、珠海，为打造大珠江三角洲 3 小时经济圈和 1 小时生活圈提供了可能，进一步推动粤港澳合作和粤港澳大湾区建设。杨道匡认为，这也将给澳门的旅游业发展带来新的契机，“从香港国际机场出来的游客，可以先到大屿山的迪士尼；再到澳门，那里有博彩业和历史文化遗产；然后到珠海，那里有横琴长隆度假区，还有金湾区海洋温泉。大桥通了之后，就可以把几种不同风格的旅游串联起来。”

自澳门回归以来，澳门的博彩业持续快速增长，一直是澳门的主要经济支柱和特别行政区政府财政收入的重要来源。由于财政收入主要来自博彩税收，一旦游客减少，澳门经济就会出现较大波动。近年来，中央强调澳门经济应“适度多元”发展。在 2016 年公布的“五年规划”发展篇中，澳门也重点突出推动经济适度多元发展以及与国家发展战略的对接，提出优先培育澳门的会展业、中医药业、文化创意产业的成长，在经济多元化发展的同时提供更多就业岗位。澳门财政经济司司长梁维特在接受《21 世纪经济报道》记者采访时表示：“推动经济适度多元是中央政府交给我们的重要任务，也是澳门实现可持续发展的必由之路。”如今在仅有 30 余平方千米的澳门，会展业异军突起。国际展览业协会最近发布的报告显示，作为亚洲区内发展时间最短及最小型的展览市场之一，澳门被评为过去 5 年表现最出色的展览市场，从 2012 年至 2016 年其净销售展览面积的升幅高达

200%，为全亚洲升幅最高的地区。

基于特殊的历史条件及地理环境，中医药在澳门有非常大的发展潜力。近年来，澳门特别行政区政府推出一系列积极措施支持中医药教育、科研及产业发展，将中医药作为经济多元发展的一个重点，这也得到了中央政府的积极支持。世界卫生组织确定将在澳门构建传统医药中心，传统医药中心将与国家重点实验室以及中医药科技产业园区有机结合，令澳门的中医药发展更进一步。梁维特表示："中医药产业发展是澳门多元发展的重要组成部分，特区政府高度重视中医药产业化和标准化，未来我们的工作重点是加快横琴粤港澳合作中医药产业园区的发展，共建国际中医药产业基地及国际中医药交易平台。"

除此之外，据梁维特介绍，澳门还大力发展特色金融业、文化创意产业以及扶持培育中小企业发展，打出促进经济适度多元发展政策"组合拳"。2017 年，港澳两地特别行政区政府签署了《香港特别行政区与澳门特别行政区关于建立更紧密经贸关系的安排》（简称"港澳 CEPA"）。协议覆盖货物贸易开放、服务贸易开放、海关程序和贸易便利化、知识产权等多项内容。作为《内地与澳门关于建立更紧密经贸关系的安排》（CEPA 之一）升级版重要组成部分的"投资协议"和"经济技术合作协议"先后签订。

对于 CEPA 相关协议的签署，梁维特对《21 世纪经济报道》记者表示，协议的签署表明中央政府充分肯定了澳门在"一带一路"建设中的独特角色，明确支持澳门中葡商贸合作服务平台的建设，加强了支持和配合澳门经济适度多元化的力度。同时，也拓宽了澳门中小微企业、专业人士和青年的发展空间，为澳门融入国家发展大局创造了更有利的条件。

党的十九大报告明确指出，香港、澳门发展同内地发展紧密相连。要支持香港、澳门融入国家发展大局，以粤港澳大湾区建设、粤港澳合作、泛珠三角区域合作等为重点，全面推进内地同香港、澳门互利合作，制定、完善便利香港、澳门居民在内地发展的政策措施。根据 2017 年 7 月 1 日国家发改委和粤港澳三地政府共同签订的《深化粤港澳合作　推进大湾区建设框架协议》，澳门的合作目标是推进建设世界旅游休闲中心，打造中国与葡语国家商贸合作服务平台，建设以中华文化为主流、多元文化共存的交流合作基地，促进经济适度、多元、可持续发展。澳门科技大学副校长庞川在接受《21 世纪经济报道》记者采访时指出："建设'世界旅游休闲中心'和'中国与葡语国家商贸合作服务平台'既是国家层面赋予澳门在'一带一路'倡议和粤港澳大湾区建设中的功能，亦是澳门结合自身优势找寻到的定位，即'国家所需，澳门所长'。"他认为，未来澳门应进一步探索与"一带一路"倡议的契合点，发挥自身在国家经济建设和对外开放中的作用，参与区域合作，将澳门优势用到实处。同时结合澳门提出的"五年规划"，在把澳门建成具有国际先进水平的宜居、宜业、宜行、宜游、宜乐的城市的过程中，将"世界旅游休闲中心"的定位具体化为旅游城市、休闲城市、世界城市等多重含义，达成安居乐业、繁荣稳定的城市追求。

2019 年 2 月 18 日，《粤港澳大湾区发展规划纲要》由中共中央、国务院颁布实施。这个规划由习近平总书记亲自策划、亲自部署、亲自推动。在《粤港澳大湾区发展规划纲要》中，对澳门的未来发展提出更高的要求，"建设世界旅游休闲中心、中国与葡语国家商贸合作服务平台，促进经济适度、多元发展，打造以中华为主流、多元文化共存的交流合作基地"。

在澳门地区培养更多的葡萄牙语人才，正好可以满足澳门"一个中心""一个平台""一个基地"的需要。

结　语

自16世纪中叶葡萄牙人入居澳门以来，语言及语言教学就是澳门社会生活的重要内容。语言及语言教学，在澳门的发展经历了四个阶段。第一个阶段从葡萄牙人入居澳门至18世纪末19世纪初，葡萄牙人江沙维在圣若瑟修院从事语言教学工作之前，在这一阶段，澳门官方语言为中文，而以葡萄牙文为代表的多种语言在这里接触、碰撞与融汇。

葡萄牙籍汉学家、遣使会传教士江沙维（亦称“公神甫”）神父，是一位于19世纪上半叶在澳门从事语言教学活动的著名汉学家，曾任教于澳门圣若瑟修院，通过辛勤努力，取得了丰硕的汉学研究成果，大大提高了葡萄牙人在汉学研究领域的地位，为葡萄牙人在汉学研究领域争得了一席之地。江沙维进行汉学研究的重要目的，在于促进其语言教学工作，其汉学研究成果，为其语言教学工作提供了极大便利，并为澳门培养了一大批优秀的语言人才。这些人才，当时就活跃在内地、香港、澳门的外交界，他也因此成为澳门语言教育界一个丰碑性人物。虽然学术界认为他的研究成果不多，但他为澳门语言教育工作所作的贡献是不可磨灭的。澳门回归祖国即将20周年了，在澳门语言教学工作中，他的影响仍然存在，他对语言教学工作所做的贡献，对澳门语言教学话语权的回归，仍然有借鉴作用。

19 世纪中叶以后，澳门的语言教学进入了后江沙维时代。这是澳门语言交流及语言教学活动的一个新阶段。第一次鸦片战争之后，澳葡政府利用清政府的软弱无能，大肆扩张其在澳门的管治范围，拆毁香山县丞衙署，关闭粤海关设在澳门的关部行台，驱赶中方官员，在澳门地区推行殖民统治，从根本上改变了澳门的管治权。作为殖民统治的重要手段，澳葡政府确立了葡萄牙语作为唯一官方语言的地位。澳葡政府开始重视华务工作。另外，澳葡政府的管治权从葡人社会延伸至华人社会，亦需大量双语人才管理华人。在这种情况下，澳葡政府通过法令于 1885 年正式设立华务机构，并在该机构下设立政府翻译团队。在翻译人员构成上，澳葡政府改变任用进教华人的传统做法，转而在澳门土生葡人中培训翻译人才，并于 1905 年通过王室预算法令正式设立专门培训翻译的“华语学校”，改变了翻译人员由教会教育机构如圣若瑟修院培训的传统做法。因此，19 世纪以来在澳门语言沟通方面发挥重要作用的转而是澳门土生葡人，其中许多人成为近代著名的翻译家和汉学家。直至 1999 年澳门回归祖国，在这 100 余年的历史发展过程中，澳门的语言教学经历了从适应殖民统治的葡萄牙语官方化，至顺应时代要求的中文地位官方化的转变。

葡萄牙人入居澳门 400 余年来，澳门的语言经历了从中文（汉语）到葡萄牙语，再到中文的过程。如今，澳门回归祖国已经 20 年了，而澳门的语言问题，值得注意的有三个方面：中文的官方地位受到挑战，特别行政区政府需要培养大量语言人才，掌握语言教学的控制权。

在强调中文官方地位的同时，我们同样不能忽略葡萄牙语在新时代澳门进一步发展过程中所发挥的重要作用。澳门回归祖国以来，葡萄牙语洗掉了殖民色彩，在澳门获得了全新的地位，民众学习葡萄牙语的热情不断高涨。与此同时，葡萄牙语还担起重任，成为澳门建设中国与葡语国家交流平台的重要渠道。

参 考 文 献

［1］［葡］安东尼奥·阿雷斯塔．若亚敬·亚丰素·江沙维——教授兼汉学家［J］．行政，2000，13（2），501．

［2］陈恩泉．澳门回归后葡文的地位与语言架构［J］．学术研究，2005（12），95．

［3］程祥徽．澳门社会的语言生活［J］．语文研究，2002（1），23．

［4］郭济修．澳门的中文回归之路：兼读《中文变迁在澳门》［M］//程祥徽．澳门人文社会科学研究文选：语言翻译卷．澳门：澳门基金会，2008．

［5］梁安琪．澳门：新时期中国与葡语系国家的交流平台［J］．公共外交季刊，2010（3），69-71．

［6］梁淑雯．浅谈“一国两制”下澳门的语言发展［J］．“一国两制”研究，第8期，141．

［7］李长森．对话十字门：澳门的语言碰撞与融汇及其影响［M］//李向玉．澳门语言文化研究（2009）．澳门：澳门理工学院，2009．

[8] 刘羡冰. 澳门开埠前后的语言状况与中外沟通 [M] //程祥徽. 澳门人文社会科学研究文选：语言翻译卷. 澳门：澳门基金会，2008.

[9] 柳若梅. 江沙维的《汉字文法》与比丘林的《汉文启蒙》[J]. 华南师范大学学报：社会科学版，2009 (6)，152.

[10] 盛炎. 澳门语言的历史、现状、发展趋势与未来的语言政策 [M]. 澳门：澳门理工学院，2004.

[11] [葡] 文德泉. 拉匝禄会士在澳门 [J]. 澳门教区月刊，第445号 (1941年4月)，891-892.

[12] 阎喜. 澳门回归前后居民语言使用与多语能力研究 [J]. "一国两制"研究，2012 (3)，153.

[13] 张桂菊. 澳门语言状况与语言政策 [J]. 语言文字应用，2010 (3)，44.

[14] 张廷茂. 澳门译务署译学馆建置考 [J]. 文化杂志：中文版，2014 (91)，1-20.

[15] 张廷茂. 从翻译官公所到译务署——澳葡政府翻译机构沿革考论 [J]. 澳门研究，2017 (85).

[16] 章文钦笺注. 澳门诗词笺注·明清卷·释跡删 [M]. 珠海：珠海出版社，澳门：澳门特别行政区文化局，2002，89.

[17] 赵利峰，吴震. 澳门土生葡人汉学家玛吉士与《新释地理备考》[J]. 暨南学报，2006 (2)，131-132.

[18] 程祥徽. 澳门人文社会科学研究文选：语言翻译卷 [M]. 澳门：澳门基金会，2008.

[19] 黄汉强，吴志良. 澳门总览 [M]. 澳门：澳门基金会，1996.

[20] 刘羡冰. 双语精英与文化交流 [M]. 澳门：澳门基金

会，1994.

［21］［葡］施白蒂. 澳门编年史：十九世纪［M］. 姚京明，译. 澳门：澳门基金会，1998.

［22］吴志良，汤开建，金国平. 澳门编年史（第四卷）［M］. 广州：广东人民出版社，2009.

［23］吴志良. 生存之道：论澳门政治制度与政治发展［M］. 澳门：澳门成人教育学会，1998.

［24］张廷茂. 晚清澳门华政衙门研究［M］. 北京：社会科学文献出版社，2017.

［25］汤开建，吴志良.《澳门宪报》中文资料辑录：1850—1911［M］. 澳门：澳门基金会，2002.

［26］汤开建，陈文源，叶农. 鸦片战争后澳门社会生活纪实：近代澳门报刊资料选粹［M］. 广州：花城出版社，2001.

［27］汤显祖. 汤显祖集·诗文集（卷十一）［M］. 徐朔方，笺校. 上海：中华书局上海编辑所，1962.

跋

2019 年适逢中华人民共和国成立 70 周年、澳门回归祖国 20 周年、《粤港澳大湾区发展规划纲要》首颁之年，作为一名澳门历史文化研究者，本人心里是充满喜悦与自豪的。

回归近 20 年来，澳门从南海之滨的一座特色小城，发展成了具有世界级影响力的国际都市。其稳定的政局、不断发展的经济、安定的社会生活，促使其成为世界城市发展的一个典范。这些成就的取得，与“一国两制”在澳门特别行政区成功实践有着紧密的关系。

在澳门回归祖国 20 周年即将到来之际，兄长杨亚基先生嘱余撰文，以为献礼。本人才疏学浅，本来不足当此大任。在兄长的不断鼓励之下，不辞浅薄，写下这些简陋的文字；又因时间紧迫，书中可能还存在一些不足或不妥之处，还望各位方家予以批评指正！

著　者

己亥年甲戌月壬辰日，书于羊城暨南园